Produção publicitária impressa

Daniele Moraes Lugli

O selo DIALÓGICA da Editora InterSaberes faz referência às publicações que privilegiam uma linguagem na qual o autor dialoga com o leitor por meio de recursos textuais e visuais, o que torna o conteúdo muito mais dinâmico. São livros que criam um ambiente de interação com o leitor – seu universo cultural, social e de elaboração de conhecimentos –, possibilitando um real processo de interlocução para que a comunicação se efetive.

Rua Clara Vendramin, 58 | Mossunguê
CEP 81200-170 | Curitiba | PR | Brasil
Fone: (41) 2106-4170
www.intersaberes.com
editora@editorainthersaberes.com.br

Conselho editorial | Dr. Ivo José Both (presidente) | Dr.ª Elena Godoy | Dr. Neri dos Santos | Dr. Ulf Gregor Baranow
Editora-chefe | Lindsay Azambuja
Supervisora editorial | Ariadne Nunes Wenger
Analista editorial | Ariel Martins
Preparação de originais | LEE Consultoria
Edição de texto | Arte e Texto Edição e Revisão de Textos | Floresval Nunes Moreira Junior
Capa | Charles L. da Silva (*design*) | zefart (imagem)
Projeto gráfico | Sílvio Gabriel Spannenberg (*design*) | zefart/Shutterstock (imagem)
Diagramação | Carolina Perazzoli
Equipe de *design* | Sílvio Gabriel Spannenberg | Laís Galvão
Iconografia | Celia Kikue Suzuki | Regina Claudia Cruz Prestes

Dados Internacionais de Catalogação na Publicação (CIP)
(Câmara Brasileira do Livro, SP, Brasil)

Lugli, Daniele
    Produção publicitária impressa/Daniele Lugli. Curitiba: InterSaberes, 2019. (Série Mundo da Publicidade e Propaganda)

    Bibliografia.
    ISBN 978-85-5972-904-7

    1. Design gráfico (Tipografia) 2. Impressão – Processamento de dados 3. Mídia impressa 4. Processamento de imagens – Técnicas digitais 5. Propaganda 6. Publicidade I. Título. II. Série.

18-20049   CDD-686.2

Índice para catálogo sistemático:
1. Impressão gráfica   686.2

Maria Alice Ferreira – Bibliotecária - CRB-8/7964

1ª edição, 2019.
Foi feito o depósito legal.
Informamos que é de inteira responsabilidade da autora a emissão de conceitos.
Nenhuma parte desta publicação poderá ser reproduzida por qualquer meio ou forma sem a prévia autorização da Editora InterSaberes.
A violação dos direitos autorais é crime estabelecido na Lei n. 9.610/1998 e punido pelo art. 184 do Código Penal.

Sumário

5 Apresentação
8 Como aproveitar ao máximo este livro

---

11 **1 Impressos na publicidade**
13 1.1 Mídia impressa
15 1.2 Impressos publicitários
34 1.3 A produção gráfica hoje

---

43 **2 Planejamento gráfico e pré-impressão**
45 2.1 Imagens para impressos
56 2.2 Cores para impressos
69 2.3 Fotolito
75 2.4 Fechamento de arquivo e prova de impressão

---

83 **3 Impressão**
85 3.1 Matrizes de impressão
87 3.2 Processos de impressão convencionais
101 3.3 Processos de impressão digitais
111 3.4 Procedimentos para impressão

---

119 **4 Materiais: suportes e tintas**
121 4.1 Papéis
140 4.2 Outros suportes de impressão
142 4.3 Tintas gráficas

151 **5 Pós-impressão**
153 5.1 Acabamentos básicos
155 5.2 Acabamentos especiais
162 5.3 Acabamento editorial
173 5.4 Acabamento cartotécnico

179 **6 Aspectos práticos da produção gráfica**
182 6.1 Gráficas
185 6.2 Especificações técnicas para orçamento
191 6.3 Provas
194 6.4 Controle de qualidade
198 6.5 Sustentabilidade na indústria gráfica

211 Para concluir...
212 Glossário
221 Referências
223 Respostas
237 Sobre a autora

Apresentação

Este livro tem como objetivo apresentar o campo da produção gráfica para os profissionais criativos da área de publicidade e propaganda. Embora já exista bibliografia técnica especializada sobre o assunto, há uma carência de publicações que utilizem uma linguagem mais acessível e tratem do assunto de forma resumida, atualizada e aplicada à realidade das agências.

A produção gráfica diz respeito a todo o processo de planejamento, desenvolvimento e confecção de materiais impressos – desde simples folhetos até embalagens complexas. A rápida evolução da tecnologia gráfica faz com que esse conhecimento seja constantemente atualizado, mas alguns fundamentos permanecem e até mesmo servem de base para as inovações que os seguem.

Não se espera dos profissionais da comunicação e do *design* um entendimento completo dos aspectos técnicos e práticos da impressão, na profundidade estudada por um produtor gráfico. Entretanto, mesmo sem alcançar plenamente o **saber fazer** em si, é importante saber **o que pode ser feito** e **como deve ser feito**. Conhecer os materiais, processos e parâmetros de qualidade dos produtos gráficos permite um diálogo mais fluido e transparente com os fornecedores, evitando dúvidas, desentendimentos ou até mesmo imposições por parte da equipe técnica. Além disso, esse repertório de informações permite uma criação mais consciente e estratégica – assim, o profissional não corre o risco de propor aos clientes soluções simples demais, sem nenhum valor agregado, ou soluções mirabolantes, que são inviáveis ou até mesmo impossíveis de serem executadas na prática.

Assim, no primeiro capítulo, apresentaremos um panorama da criação e da produção de impressos no contexto da publicidade. Para isso, abordaremos a história da mídia impressa e de que forma ela influenciou no desenvolvimento da propaganda. A partir daí, mapearemos os tipos de impressos publicitários mais comuns e de que forma eles são desenvolvidos nas agências e produzidos na indústria gráfica.

O segundo capítulo trata do planejamento gráfico e do processo de pré-impressão, ou seja, dos conhecimentos e cuidados necessários para a produção dos materiais gráficos. Começaremos apresentando as características essenciais das imagens e das cores, passando do formato digital ao impresso, então passaremos para a especificação e a separação de cores, a arte-finalização e o fechamento dos arquivos para impressão.

No terceiro capítulo abordaremos os processos de impressão em si – tanto os convencionais quanto os digitais, destacando que cada um deles tem suas particularidades em relação a matrizes de impressão, definição de imagem, capacidade de cores e suportes aceitos. Assim, com esse estudo, também identificaremos as restrições e as aplicações recomendadas para cada um desses processos.

Um conhecimento paralelo aos processos de impressão é o dos materiais utilizados – conteúdo explorado no quarto capítulo. Nesse momento, nos aprofundaremos nas características, classificações e melhores formas de aproveitamento do principal suporte de impressão, o papel, além das demais possibilidades de substrato. Além disso, identificaremos os principais tipos de tintas gráficas, relacionando sua aplicação aos processos e suportes vistos anteriormente.

No quinto capítulo trataremos da etapa de pós-impressão, que inclui os acabamentos superficiais e estruturais, destacando o quanto esses processos são diversos, uma vez que os produtos gráficos podem ser simples, editoriais ou cartotécnicos, como as embalagens.

Finalmente, no sexto capítulo, abordaremos algumas questões práticas do dia a dia da produção de impressos, como os tipos de fornecedores que existem no mercado e a relação entre agência e gráfica, incluindo as solicitações de orçamento e o controle de qualidade dos produtos impressos. Também daremos destaque à importante discussão da sustentabilidade na produção gráfica, refletindo sobre a responsabilidade dos profissionais criativos em suas escolhas.

Além dos textos explicativos, os capítulos contam com imagens de referência, exemplos, estudo de caso e tabelas de síntese. Ao final do livro, você ainda encontra um glossário com termos específicos da produção publicitária impressa, que pode servir de apoio durante a leitura. Assim, esperamos que este livro seja não apenas um facilitador em seu processo de aprendizagem, mas também um valioso recurso para futuras consultas.

Como aproveitar ao máximo este livro

Este livro traz alguns recursos que visam enriquecer o seu aprendizado, facilitar a compreensão dos conteúdos e tornar a leitura mais dinâmica. São ferramentas projetadas de acordo com a natureza dos temas que vamos examinar. Veja a seguir como esses recursos se encontram distribuídos no decorrer desta obra.

Conteúdos do capítulo: Logo na abertura do capítulo, você fica conhecendo os conteúdos que nele serão abordados.

Conteúdos do capítulo:
- A relação entre m...
- Os principais tipo...
- O desenvolvimen... de publicidade.
- A estrutura da in...

...pítulo, ...az de:
1. discorrer sobre a evolu... na publicidade;

Após o estudo deste capítulo, você será capaz de: Você também é informado a respeito das competências que irá desenvolver e dos conhecimentos que irá adquirir com o estudo do capítulo.

Após o estudo deste capítulo, você será capaz de:
1. discorrer sobre a... na publicidade;
2. distinguir os prin... publicitários;
3. reconhecer os se... vidos no desenvo... de uma agência;
4. identificar os set... indústria gráfica.

detalharemos também mais adiante

Perguntas & respostas

O acompanhamento gráfico serviços da agência ou pode adicional?

O custo do acompanhamento gráfico derado pela agência de propaganda é que algumas deixam esse custo e enquanto outras preferem embuti-l

É bastante comum que as agências

> **Perguntas & respostas** Nesta seção, o autor responde a dúvidas frequentes relacionadas aos conteúdos do capítulo.

Síntese

Síntese Você dispõe, ao final do capítulo, de uma síntese que traz os principais conceitos nele abordados.

Neste capítulo, abordamos a relaçã
essa e a publicidade e refletim
essos publicitários em meio à
assim como a mídia impressa
e da TV, também há sinais de
das mídias virtuais. Isso porque os
considerados meios de comunicaçã
além de contar com valores materi
fatores que proporcionam experiên
relevantes para o ramo da publicid

Questões para revisão

1) Por que podemos afirmar relevância no contexto at digital?

2) Cite quais setores da agêr vidos no desenvolvimento explique quais são as fun profissionais desses setores.

3) A respeito dos impressos publici afirmativas como verdadeiras (V

> **Questões para revisão** Com estas atividades, você tem a possibilidade de rever os principais conceitos analisados. Ao final do livro, o autor disponibiliza as respostas às questões, a fim de que você possa verificar como está sua aprendizagem.

1
Impressos na publicidade

Conteúdos do capítulo:

- A relação entre mídia impressa e publicidade.
- Os principais tipos de impressos publicitários.
- O desenvolvimento de impressos nas agências de publicidade.
- A estrutura da indústria gráfica atual.

Após o estudo deste capítulo, você será capaz de:

1. discorrer sobre a evolução da mídia impressa na publicidade;
2. distinguir os principais tipos de impressos publicitários;
3. reconhecer os setores e profissionais envolvidos no desenvolvimento de projetos gráficos de uma agência;
4. identificar os setores e profissionais da indústria gráfica.

Neste capítulo, vamos abordar brevemente como o desenvolvimento da publicidade caminhou de mãos dadas com o desenvolvimento da mídia impressa e por que esta ainda é um meio relevante de comunicação hoje, mesmo diante das tecnologias digitais. Também vamos identificar quais são os principais tipos de impressos utilizados na criação publicitária, ampliando seu repertório de possibilidades de projeto. Finalmente, vamos descrever como as agências de publicidade e as gráficas estão estruturadas para o desenvolvimento desse tipo de trabalho na atualidade.

1.1
Mídia impressa

Segundo Clair e Busic-Snyder (2009), a imprensa teve origem no período da Renascença (entre os séculos XIV e XVI), momento em que as cidades começaram a se desenvolver na Europa, gerando novas formas de organização social. Essa nova configuração possibilitou o surgimento das universidades e uma maior interação entre as pessoas, ampliando a comunicação entre elas e despertando a necessidade de formas de disseminação da informação que fossem mais práticas e velozes do que a escrita manual.

Nesse contexto, Johannes Gutenberg (c. 1398-1468) desenvolveu, na década de 1440, na Alemanha, a prensa tipográfica (Parry, 2012). A diferença dessa máquina em relação aos modos de impressão já existentes à época era a possibilidade de colocar as letras uma a uma, fazendo delas tipos móveis que poderiam ser reaproveitados para outros impressos. Com isso, não haveria mais necessidade de criar grandes chapas únicas para cada página, que depois seriam descartadas.

Conhecemos esse tipo de impressão como tipográfica, um processo mais artesanal, mas que é utilizado até hoje.

Não foram apenas os livros que se beneficiaram do surgimento da impressão tipográfica. Com essa forma acessível de reprodução da informação, a produção de cartazes, panfletos e publicações periódicas, como jornais e revistas, começou a se disseminar na Europa. Inicialmente, os primeiros impressos tinham caráter religioso – a primeira publicação de Gutemberg foi a Bíblia e o primeiro cartaz conhecido foi "O Grande Perdão de Nossa Senhora", que anunciava um evento da Igreja (Muniz, 2004) –, mas logo os cartazes começaram a anunciar iniciativas comerciais e os jornais começaram a ser remunerados pela inserção de chamadas de divulgação de produtos e serviços – surgiram aí os primeiros anúncios, a origem do que entendemos hoje como publicidade.

É impossível, portanto, desvencilhar a evolução da publicidade e da propaganda da mídia impressa. Há quem acredite que os materiais impressos estão ameaçados pela expansão acelerada dos suportes digitais. Entretanto, da mesma forma que sobreviveram ao advento do rádio e da TV, é muito provável que os impressos continuem sendo relevantes mesmo no contexto da cultura digital. Martinuzzo (2014) conta que, durante muito tempo, os impressos foram o principal suporte para a difusão de conhecimento – assim, quando pensamos em impressos tradicionais, como livros e jornais, percebemos o valor histórico em sua capacidade de veicular e preservar informação. Ainda hoje ao texto impresso é conferida maior credibilidade, justamente por passar pelo crivo de diversos profissionais ao longo do processo de produção e exigir um maior investimento para sua circulação.

Assim, ainda podemos considerar o impresso como uma alternativa eficaz para a comunicação.

É claro que, se considerarmos apenas os custos e a praticidade, o material impresso deixa de ser uma opção rentável para determinados usos, geralmente os mais velozes e descartáveis. Entretanto, poucas publicações são feitas exclusivamente em meio digital. A maioria dos *e-books*, por exemplo, contam também com uma versão física, uma vez que a leitura em papel é menos cansativa do que em uma tela luminosa. Os materiais de divulgação de eventos são publicados nas redes sociais, mas também entregues em mãos ou enviados pelo correio para clientes especiais. Isso sem contar os impressos que vão além do papel, como brindes e outros produtos que proporcionam uma experiência de uso ao cliente.

Ainda existem pessoas que valorizam o aspecto material e sensorial dos impressos – a textura do papel, suas características visuais, seus acabamentos refinados. Isso faz com que eles tenham um apelo que vai além do visual, podendo agregar valor a projetos especiais justamente pelo senso de exclusividade. Essa característica é especialmente importante para a publicidade que, por meio dos impressos, pode proporcionar experiências diferenciadas ao público.

1.2
Impressos publicitários

Na publicidade, os impressos podem ter funções diferentes, que influenciarão também suas características. Existem os impressos feitos para veiculação e comunicação rápida, distribuídos em grande volume e descartados com facilidade – é o caso dos folhetos promocionais distribuídos nas ruas, por exemplo; os impressos mais sofisticados, mas que também apresentam temporalidade definida, como os cartazes; os impressos feitos para durar, como anuários e edições comemorativas, que podem se tornar verdadeiros itens de colecionador; os formatos criativos, como histórias em quadrinhos; as embalagens, que também contam com aspecto estrutural.

A publicidade também pode estar inserida em impressos que não são essencialmente publicitários, como jornais e revistas. Nesses casos, não cabe à criação publicitária conceber o impresso como um todo, mas planejar como será sua inserção de conteúdo no projeto alheio, o que também requer conhecimento técnico.

Além disso, nem todos os impressos publicitários têm como suporte o papel – brindes, embalagens e outros tipos de materiais promocionais também podem ser feitos de materiais diversos, como tecido, cerâmica e plástico, e ainda assim passar pelos processos de impressão que apresentaremos em detalhes nos capítulos a seguir.

Cada um desses materiais tem características, aplicações e custos diferenciados, por isso não são recomendados para qualquer situação. Por isso, é importante ao profissional da publicidade ter em seu repertório todas essas possibilidades, a fim de que possa propor soluções diferenciadas para seus clientes. A seguir, você vai conhecer algumas das possibilidades mais comuns de impressos publicitários.

1.2.1
Identidade visual e papelaria

Os impressos de identidade visual e papelaria englobam os materiais que carregam a marca da empresa – logo, cores, informações de contato –, tanto como forma de identificação quanto para que essa imagem seja reforçada na mente de quem a visualiza. Aqui trataremos dos principais tipos de material da categoria.

Bloco

Bloco de anotações personalizado com logo e informações da empresa. A arte tende a ser discreta, deixando boa parte do papel ainda em branco para anotações ou contando com uma marca-d'água suave ao fundo. Geralmente feito em tamanho A5, em papel *offset*, com encadernação espiral (no caso de blocos de notas) ou brochura colada (no caso de blocos para orçamentos ou receituários).

Cartão de visita

Cartões de tamanho padronizado 9 × 5 cm, com identificação da empresa e informações de contato de profissionais específicos, utilizados para distribuição em reuniões de *networking*. Geralmente, é feito um *layout* único para toda a empresa e os dados de contato são customizados para cada funcionário. É um impresso que costuma ter acabamentos especiais – de que trataremos mais adiante.

Envelope

Envelope personalizado com logo e identificação da empresa para dispensar o preenchimento do remetente. Geralmente em tamanho predefinido, feito para comportar uma folha A3 ou A4 inteira, ou para a folha A4 com duas dobras. Utilizado para correspondência externa ou circulação de documentos internos.

Etiqueta de papelaria

Etiqueta personalizada com logo da empresa, usada para correspondências e identificação de arquivos internos. Geralmente é desenvolvida já nos tamanhos-padrão de etiquetas disponíveis no mercado, para ser impressa sob demanda na própria empresa.

Etiqueta promocional

Material em papel autoadesivo, geralmente com logo, usado para selar embalagens ou identificar produtos. As etiquetas podem ser feitas com corte inteiro (peças individuais) ou meio corte (em cartela, para serem destacadas aos poucos).

Pasta

Impresso mais estruturado, feito em cartão duplex ou triplex, feito para conter documentos tamanho A4 – por isso, é um pouco maior do que esse tamanho quando dobrada. Pode ser simples (apenas capa e contracapa), com bolso interno para encaixar as folhas, ou grampeada na lateral com abas soltas.

Tag

Impresso feito em cartão semelhante a uma etiqueta para acompanhar produtos diversos, principalmente de vestuário e presentes. Pode ser inteira ou dobrada ao meio, contando com um furo pelo qual passa o material de amarração que a fixa ao produto. Geralmente conta com acabamentos especiais, como forma de valorizar a marca e o produto (Figura 1.1).

Figura 1.1 Exemplo de *tag*

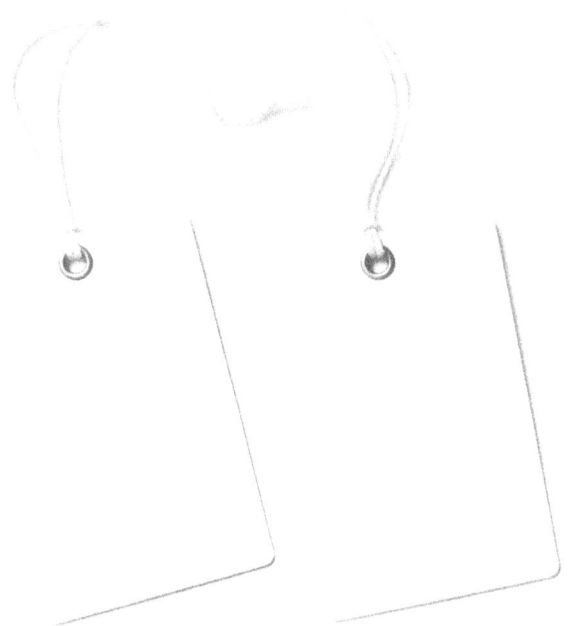

Crachá

Material de identificação individual, utilizado dentro da empresa ou em eventos, com logo, nome da pessoa e, por vezes, foto. Os modelos mais sofisticados, de uso contínuo, contam com acabamento plastificado e fita personalizada para passar em torno do pescoço. Os modelos mais simples, usados para credenciamento em grandes eventos, são impressos padronizados em cartão, com etiquetas de identificação e acabamento em cordão fino.

1.2.2
Promocionais

Os materiais promocionais são aqueles impressos distribuídos amplamente como forma de divulgação da marca, produto, serviço, evento ou benefício promocional.

Adesivo

Material em papel autoadesivo, geralmente com logo ou arte de alguma campanha específica, usado para ser distribuído ou aplicado conforme o desejo do cliente. Os adesivos podem ser feitos com corte inteiro (peças individuais) ou meio corte (em cartela, para serem destacados aos poucos).

Cartão-fidelidade

Pode ser feito de cartão, parecido com os cartões de visita, ou de plástico, semelhante aos bancários. Os modelos mais simples contam com uma grade no verso que é carimbada a cada compra, no modelo "compre 10 e ganhe 01 grátis". Os de plástico, por sua vez, podem ser etiquetados com informações do cliente, para conferência de dados no sistema, gerando descontos especiais (Figura 1.2).

Figura 1.2 Exemplos de cartão-fidelidade

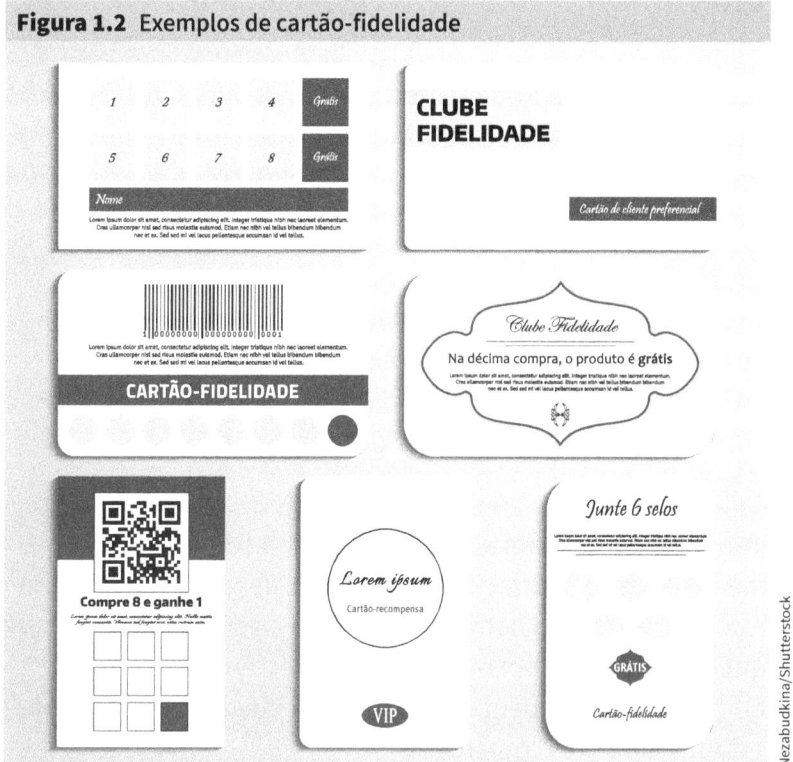

Cartão-postal

Impresso em tamanho padrão 15 × 10 cm, inspirado nos postais de viagem. Apresenta arte personalizada na frente, com fotografia ou ilustração e inserção de logo. No verso, geralmente conta com uma mensagem personalizada da empresa, um espaço livre para que o cliente escreva sua própria mensagem e indicação para preenchimento dos dados postais do destinatário e selo, caso seja enviado pelo correio.

Convite

Impresso utilizado para convidar clientes específicos para eventos especiais. Pode ser feito nos mais diferentes formatos e tamanhos – inteiro ou dobrado, com ou sem envelope. Geralmente, para eventos mais exclusivos, conta com papéis e acabamentos especiais.

Panfleto

Impresso de folha única, econômico, usado para divulgação de eventos, estabelecimentos comerciais e campanhas promocionais. É impresso em alta tiragem, para distribuição pública nas ruas ou nas portas dos estabelecimentos.

Flyer

Impresso semelhante ao panfleto, porém com maior refinamento estético, utilizando-se de papéis de melhor gramatura e acabamento. Seu nome tem origem no verbo em inglês *to fly*, que significa *voar*, em razão de sua característica de distribuição fluida. Também é utilizado na divulgação de eventos e estabelecimentos comerciais.

Fôlder

Com origem na palavra inglesa *fold* (dobra, dobrar), é um tipo de panfleto com dobras, uma peça maior e mais complexa, com diferentes possibilidades criativas em suas faces. Utilizado para informativos mais longos, apresentações de empresas e novos produtos ou serviços.

Marcador de página

Impresso estreito e alongado utilizado para marcar as páginas do livro ao longo da leitura. Os marcadores variam dos modelos mais simples, impressos em cartão em apenas uma face, até os mais sofisticados, com pingentes ou dobrados ao meio, com ímãs. Muito utilizados por empresas relacionadas à literatura ou à cultura. Tem a vantagem de ser um material promocional durável, presente em todos os momentos de leitura do cliente.

Santinho

Espécie de panfleto, com tamanho reduzido (em geral, semelhante ao A7), utilizado por candidatos em campanhas eleitorais. Geralmente feito com papéis e processos de impressão mais econômicos.

Vale-presente

Pode ser feito em cartão, impresso como os cartões de visita, ou em plástico, semelhante aos cartões bancários. No caso dos cartões mais simples, há um valor fixo, mas os de plástico podem ser vinculados ao sistema da empresa e carregados com créditos em valores diversos.

1.2.3
Cartazes e *banners*

Trata-se dos impressos de maior dimensão, fixados pontualmente como forma de divulgação de marca, produto, serviço, promoção ou evento.

Banner

Impressão colorida, em tamanho grande, feita em lona e muito utilizada para eventos e sinalização promocional. Os *banners* podem ser feitos com diferentes acabamentos: no modelo **tradicional**, conta com um rolo de madeira em cada extremidade e deve ser pendurado em algum apoio por meio do cordão; no modelo ***roll-up***, que é retrátil, conta com uma base fixa de alumínio na qual ele fica enrolado até a montagem; no modelo **L**, fica esticado sobre um suporte de metal levemente arqueado, para ser facilmente montado sustentado; no modelo **X**, é esticado sobre um cavalete metálico nesse formato, que também o sustenta; e no modelo **wind banner**, que tem formato arqueado e não retangular, é sustentado também por uma estrutura metálica, ideal para eventos ao ar livre.

Faixa

Impressa em lona, feita em grandes dimensões para chamar a atenção dos observadores a longas distâncias. Fixada por amarrações em suas quatro extremidades, é geralmente utilizada para anunciar inaugurações e promoções.

Cartaz

Impresso em tamanho A3 ou superior, feito para ser afixado em paredes com a finalidade de divulgar eventos em ambientes externos ou produtos em ambientes internos. Geralmente conta com uma arte de grande impacto visual, com o objetivo de chamar a atenção do observador. Deve conter informações objetivas e de fácil visualização, pois assim pode ser lido já à distância

Pôster

Tipo de cartaz com função decorativa, mais que informativa. Quando os cartazes publicitários são desenvolvidos com artes especiais – ilustrações realizadas por artistas convidados, por exemplo –, mantêm sua relevância estética mesmo após a realização do evento, podendo ser considerados pôsteres.

Mobiliário urbano

Impresso de grandes dimensões, feito em papel ou lona leve, que permite a passagem da iluminação traseira. É aplicado em pontos de ônibus, estações de metrô, *shopping centers*, entre outros. Muito utilizado para divulgação de *shows* e promoções de redes de *fast-food* (Figura 1.3).

Figura 1.3 Exemplo de sinalização em mobiliário urbano

Outdoor

Painel externo de grandes dimensões colocado às margens de ruas e estradas. É composto pela combinação de várias folhas menores, que formam a imagem completa, impressas em papel simples e coladas no suporte sobre as campanhas antigas. Sua mensagem deve ser objetiva, pois os observadores estão em movimento ao entrar em contato com o painel.

1.2.4
Sinalização e ponto de venda (PDV)

Os impressos de sinalização são aqueles que identificam e reforçam a marca e sua imagem em um ambiente, informando e direcionando o consumidor. Os de PDV, por sua vez, incluem os impressos posicionados de forma a promover vendas – em prateleiras e balcões, por exemplo –, bem como os materiais que fazem parte da experiência de uso em um ponto comercial.

Adesivo de ambiente

Impresso em superfície adesiva como forma de decoração permanente ou temporária e com caráter promocional.
Os adesivos podem ser de parede, vidro ou piso, variando em acabamento e resistência do material: os de piso devem ser resistentes e costumam ser antiderrapantes; os de parede podem ter acabamento brilho ou fosco; os de vidro podem ser transparentes ou perfurados.

Placa

Placas em formatos diversos, feitas de chapas de poliestireno ou polipropileno, com a finalidade de sinalizar ambientes (logo da empresa na entrada do estabelecimento, identificação de salas, banheiros, indicadores de direção e fluxo etc.).

Quiosque

Estrutura simples feita em polímero e revestida por adesivo, contando com fachada e balcão personalizados. Muito utilizada em eventos pequenos, para substituir *stands* completos, ou em supermercados, para promover a degustação de produtos.

Cardápio

Menu com as opções servidas por bares ou restaurantes. Pode ser feito em diversos formatos e materiais: em papel ou cartão, geralmente com duas dobras, no formato fôlder; em papel com laminação plástica, em formato completo ou encadernado em espiral; ou mesmo em placas de poliestireno para maior resistência e melhor higienização. Além desses formatos tradicionais, para estabelecimentos mais sofisticados, é possível utilizar papéis, acabamentos e encadernações diferenciadas, agregando valor à experiência.

Display

Material colocado no balcão ou na mesa como forma de divulgação de um produto ou serviço especial ou em oferta – por exemplo, promoção de *drinks* do dia ou sobremesas com desconto na mesa de um restaurante. Pode ser feito em cartão, montado no formato prisma; impresso em papel comum e encaixado dentro de um display acrílico; ou impresso diretamente sobre a base plástica (Figura 1.4).

Figura 1.4 Exemplo de *display* de mesa

Have a nice day Photo/Shutterstock

Jogo americano

Geralmente impressa em tecido ou chapa de poliestireno, é a pequena toalha ou placa usada embaixo do prato e dos talheres, feita para substituir toalhas de mesa em restaurantes. Pode ser usada apenas como personalização, com aplicação de logo, como forma de divulgação de promoções ou até mesmo como um brinde distribuído a alguns clientes.

Papel para bandeja

Impresso feito em papel fino, utilizado para forrar as bandejas de restaurantes de *fast-food* ou *buffets*. Embora descartável, pode servir como meio de comunicação e entretenimento durante o tempo de refeição – em muitos restaurantes, traz curiosidades sobre o estabelecimento, promoções ou até mesmo jogos.

Móbile

Impressos em cartão ou poliestireno, geralmente com corte especial em formato circular. São feitos para serem pendurados no teto dos ambientes, com fio de náilon, como forma de divulgação de ofertas específicas ou sinalização de pontos promocionais.

Testeira

Impresso feito em cartão ou poliestireno para ser fixado na borda de prateleiras. Muito utilizada em supermercados, principalmente quando há o lançamento de um novo produto. Deve ter uma arte atraente e que chame a atenção do consumidor, como forma de destacar o produto em relação ao dos concorrentes.

Wobbler

Impresso fixado na borda das prateleiras, sustentado por uma haste de plástico transparente que se curva com o peso, conferindo-lhe um movimento suave. Geralmente impresso em poliestireno ou polipropileno. Muito utilizado em supermercados para divulgar produtos e ofertas (Figura 1.5).

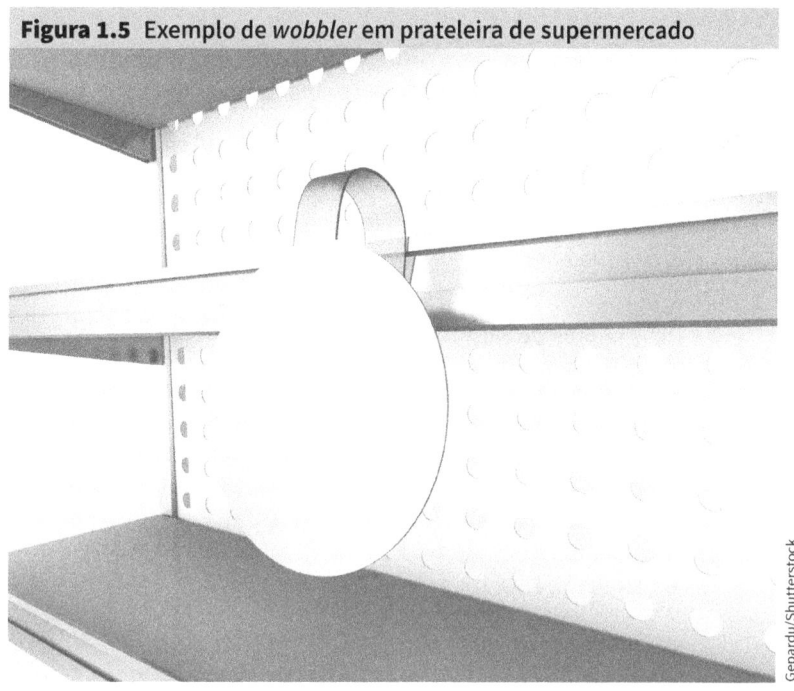

Figura 1.5 Exemplo de *wobbler* em prateleira de supermercado

1.2.5
Informativos e revistas

Os impressos informativos são produtos gráficos em formatos maiores e mais extensos, contendo diversas páginas que mesclam textos e imagens com um objetivo específico de comunicação.

Anuário

Publicação anual que apresenta os trabalhos desenvolvidos ou as ações de destaque de uma organização, instituição ou do setor durante o ano corrente. Geralmente é uma publicação mais sofisticada, distribuída apenas para contatos selecionados.

Catálogo

Impresso que apresenta os produtos oferecidos pela empresa. Geralmente é feito em formato revista, com encadernação canoa ou brochura colada, dependendo do número de páginas. Pode contar com acabamentos especiais para se tornar mais atraente ao cliente, principalmente quando se trata de produtos com alto valor agregado (Figura 1.6).

Figura 1.6 Exemplo de catálogo de produtos

HstrongART/Shutterstock

Jornal

Impressos promocionais, estruturados como jornais tradicionais, mas que trazem conteúdo produzido por empresas específicas. Geralmente mistura em sua pauta artigos informativos e promocionais de produtos e serviços. São enviados pelo correio ou distribuídos em eventos.

Newsletter

Impresso informativo curto que traz notícias ou trata de um tema específico em textos reduzidos. Seu objetivo é a atualização, por isso, costuma ter periodicidade definida.

Revista

Impresso com a estrutura de revista tradicional, porém com mescla de conteúdos promocionais e informativos. Apresenta pauta ampla e relacionada ao produto, serviço ou estilo de vida do público da empresa – dessa forma, contribui para a consolidação da imagem da organização. Muito utilizada por companhias aéreas e *shopping centers*, sua periodicidade varia de mensal a semestral, dependendo do investimento.

Livro

Impresso semelhante aos livros narrativos, porém com uma abordagem de conteúdo voltada à reportagem. Pode tratar de personalidades ou fatos históricos relacionados à empresa ou ser destinado à divulgação de conteúdos científicos ou de relevância social patrocinados por ela. Os assuntos são sempre relacionados ao universo em que a empresa contratante está inserida. Não é diretamente publicitário, no sentido de divulgar produtos ou serviços específicos, mas um tipo de impresso complexo, cuja confecção e distribuição requer planejamento, por isso, agrega credibilidade à organização que o publica.

História em quadrinhos (HQ)

Impresso semelhante aos quadrinhos narrativos tradicionais, porém com o objetivo de informar. Geralmente utilizada como forma de conscientização sobre algum assunto ou como informativo sobre a trajetória de uma organização. É uma forma dinâmica e visual de comunicação, criando maior empatia e uma linguagem mais acessível a determinados públicos, como os jovens.

Inserção em revista e jornal

Anúncio que ocupa parcial ou totalmente uma página de um impresso informativo, como jornais e revistas tradicionais. Os anúncios devem ser pensados de acordo com as características técnicas do impresso completo, que deve ser escolhido de acordo com o público que se deseja atingir.

1.2.6
Embalagens

Embora nem sempre essa associação seja imediata, as embalagens também são produtos publicitários impressos, pois são focadas na identificação e na promoção de vendas dos produtos que contêm.

Sacola plástica

Embalagem personalizada com alças embutidas no próprio corpo do material. As sacolas plásticas são geralmente de baixo custo, estampadas em uma ou duas cores, mas podem ficar mais caras a depender do número de cores na impressão, do uso cores especiais ou de um plástico mais resistente.

Saco e sacola de papel

Embalagens personalizadas feitas de papel, com alça (sacola) ou sem (saco). As sacolas mais sofisticadas são feitas em cartão duplo, com alças de cadarço ou fita de tecido e gravação de logo com acabamentos especiais. As sacolas mais simples e os sacos, por sua vez, costumam ser feitos em papel *kraft* de baixa gramatura, estampados em uma cor, com alças de papel torcido ou corda (no caso das sacolas).

Ecobag

Sacola reutilizável, feita em tecido do tipo lona ou algodão cru. Pode ser feita em diversos tamanhos e com vários modelos de alça. Muitas vezes, além de estampar o logo, apresenta alguma arte diferenciada, como forma de estimular o reuso em diversas ocasiões.

Blister

Embalagem que combina fundo de cartão impresso com a parte da frente em plástico moldado, protegendo ao mesmo tempo que revela o produto. Geralmente é vendida pendurada em mostruários. Muito utilizada para esmaltes, escovas de dente, pilhas, entre outros (Figura 1.7).

Figura 1.7 Exemplo de embalagem do tipo *blister*

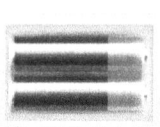

Zonda/Shutterstock

Cartucho

Nome dado às caixas feitas em cartão utilizadas nos mais diversos tipos de produto – como cereais, sabão em pó, pasta de dentes etc. São geralmente impressas apenas em uma face, mas podem conter mensagens promocionais em seu interior. Quando os produtos são mais sofisticados ou exigem diferenciação em relação aos concorrentes, podem contar com acabamentos especiais.

Rótulo

Material confeccionado em papel ou película autoadesiva como forma de identificação e informação do produto comercializado. Geralmente traz o logo da empresa, o nome do produto e informações técnicas regulamentadas. Pode ser substituído por impressão direta na embalagem de vidro ou plástico.

1.2.7
Brindes

As campanhas publicitárias podem ainda contar com brindes personalizados, geralmente impressos com o logo da empresa, como forma de reforçar a presença da marca no dia a dia dos clientes. Esses brindes variam de materiais impressos em papel – como agendas, cadernos e calendários – até produtos como canecas, camisetas, chaveiros, mochilas, *pen drives*, entre muitos outros. Vale a pena entrar em contato com empresas especializadas no fornecimento desse tipo de material para conferir todas as possibilidades.

1.3
A produção gráfica hoje

Até o final do século XIX, os processos de impressão se resumiam a aprimoramentos da prensa tipográfica. Entretanto, ao longo do século XX, a indústria gráfica evoluiu muito – novas máquinas e processos foram desenvolvidos, permitindo a impressão em diversas cores e com cada vez mais qualidade e definição de imagem. Se antes a impressão se limitava à reprodução de texto e a imagens simples, ilustradas em apenas uma cor sobre a superfície do papel, hoje quase não há restrições no que diz respeito à impressão de criações complexas nos mais diversos suportes. Sempre é possível encontrar alternativas de materiais e processos para obter o resultado desejado com o melhor custo-benefício.

A partir da década de 1990, a disseminação dos processos digitais revolucionou mais uma vez a indústria gráfica. Muitas empresas readequaram seu maquinário e seus processos, e hoje o serviço prestado por elas não é o mesmo de algumas décadas atrás. Ao mesmo tempo, o trabalho de desenvolvimento criativo nas agências de publicidade tornou-se cada vez mais prático e acessível com o uso de *softwares* especializados, que facilitaram a comunicação entre criação e produção.

Por isso, é preciso entender a estrutura e o funcionamento desse processo para identificar em que momento cada profissional está inserido, quais são suas responsabilidades e como se estabelece a comunicação entre eles de forma a encontrar as melhores soluções para projetos impressos. A seguir você vai conhecer a dinâmica das agências e das gráficas.

1.3.1
Criação de impressos nas agências

Segundo Bona (2012), as agências de publicidade podem ser divididas nos seguintes setores: atendimento; planejamento; criação; mídia; administrativo; tráfego; produção gráfica; produção de rádio e TV; e pesquisa. Embora os setores sejam integrados e praticamente todos se envolvam em algum nível com os projetos, quando falamos de produtos impressos, são os profissionais da criação e da produção gráfica que têm a responsabilidade de conduzir o processo.

O setor de criação conta com três profissionais-chave: o redator, responsável pela mensagem textual; o diretor de arte, responsável pela mensagem visual; e o arte-finalista, responsável pela conferência e finalização dos arquivos. Eles devem sempre trabalhar juntos, pois o conteúdo da redação interfere na linguagem visual, e vice-versa, e a arte-final deve coordenar e materializar esses dois aspectos do projeto. Além disso, todas as decisões criativas – as dimensões, as cores, os materiais e os acabamentos – têm impacto no aspecto e no custo final do produto impresso. Assim, é essencial que os profissionais da criação tenham conhecimento do processo gráfico, mesmo que não tão tecnicamente aprofundado.

O setor de produção gráfica, por sua vez, tem a função específica de finalizar e enviar para a produção os materiais impressos gerados pela equipe de criação. Aqui estão incluídas as etapas de contato com fornecedores, fechamento de arquivos, pré-impressão e acompanhamento de produção (abordaremos a pré-impressão e o fechamento de arquivos no Capítulo 2). Os profissionais desse setor devem ter conhecimento específico sobre os processos técnicos da produção editorial – afinal, a responsabilidade por toda uma tiragem de impressos é grande e uma escolha errada de materiais, processos ou fornecedores pode gerar prejuízo tanto para a agência quanto para o cliente.

Assim, é fundamental haver uma comunicação efetiva tanto entre os setores de criação e produção gráfica dentro da própria agência quanto entre os profissionais da agência e da gráfica prestadora de serviços. Agora você vai conhecer como funciona a estrutura das gráficas profissionais para compreender melhor como deve ser esse diálogo.

Perguntas & respostas

Qual é a formação necessária para os profissionais dos setores de criação e produção gráfica?

A equipe de criação geralmente conta com publicitários, que estudam tanto a construção de imagens quanto a redação de textos persuasivos, mas não é raro que profissionais formados em *design* atuem nesse setor, principalmente com direção de arte, que demanda um pensamento visual. No setor de produção gráfica, por sua vez, os profissionais podem ser tanto publicitários quanto *designers*, desde que tenham conhecimento específico sobre os processos de produção editorial.

1.3.2
Indústria gráfica

Segundo Fernandes (2003), as gráficas tradicionais são divididas em cinco setores principais: arte; fotolito; gravação; impressão; e acabamento. Antes de abordarmos cada um desses setores, é importante notar que todos eles estão sob a coordenação de um profissional chamado *produtor gráfico*, responsável pelo gerenciamento de todo o processo de produção do impresso, de forma a obter os melhores resultados conforme as limitações técnicas e orçamentárias disponíveis. É muito importante que os profissionais da agência tenham contato direto com esse profissional, para que consigam tomar as melhores decisões para o projeto de maneira conjunta – afinal, os publicitários e *designers* devem ter conhecimento técnico sobre produção gráfica, mas esse conhecimento jamais será tão aprofundado quanto o do produtor, que vivencia isso em seu dia a dia e é capaz de dar sugestões valiosas.

O setor de **arte** não é comum a todas as gráficas, pois seria o equivalente ao setor de produção gráfica encontrado nas agências de publicidade – assim, se a arte é desenvolvida na própria agência, não há necessidade de contar com os serviços desse setor na gráfica. Entretanto, alguns clientes fazem seus pedidos diretamente à gráfica, sem passar por um profissional de comunicação ou *designer*, e as empresas conseguem atendê-los com essa equipe interna de desenvolvimento.

No setor de **fotolito** são produzidos os filmes para a gravação das matrizes, processo que veremos com mais detalhes no Capítulo 2. Antigamente, quando os fotolitos eram revelados de maneira analógica, o setor contava com equipamento especializado. Hoje em dia, com os processos digitais, a própria agência pode enviar os arquivos prontos para a impressão do fotolito, mas é comum que a finalização seja feita na própria gráfica, para que ela também se responsabilize tecnicamente pelo processo.

Os fotolitos são encaminhados para o setor de **gravação**, responsável por confeccionar as matrizes de impressão, assunto que será tratado no Capítulo 3. Nas gráficas que contam com gravação de matrizes pelo processo CTP (diretamente do computador para a chapa), não existem fotolitos físicos, mas arquivos digitais que guiam a gravação a *laser* – nesses casos, é comum que os setores de fotolito e de gravação sejam combinados em um só.

Com as matrizes prontas, chegamos ao setor de **impressão**, onde acontece a produção dos impressos em si. Esse setor é bastante variável em tamanho e maquinário, dependendo do porte da gráfica. Dele saem as folhas em tamanho inteiro, já impressas com todas as cores, que então passam para o setor de **acabamento** para receber os processos de corte, dobra e encadernação necessários – assuntos explorados no Capítulo 5.

Gráficas de grande porte apresentam essa estrutura completa, mas gráficas menores costumam se especializar apenas em algum processo de impressão e, no máximo, acabamento, contando com fornecedores externos para a confecção dos fotolitos e a gravação de matrizes. Assim, é importante também conhecer os "fornecedores dos fornecedores", para garantir uma entrega de qualidade.

Existem ainda os chamados *bureaus* ou *birôs*, empresas especializadas em digitalização, muito utilizadas quando é necessário passar alguma fotografia analógica ou ilustração manual para arquivo digital, a fim de que possa ser inserida nos *layouts* desenvolvidos em *software*.

É importante notar que, em razão da acelerada evolução das tecnologias de impressão, a configuração apresentada varia de gráfica para gráfica e certamente ainda será modificada ao longo dos anos. Felizmente, as tecnologias digitais estão tornando o processo gráfico cada vez mais acessível aos profissionais da publicidade e do *design*, facilitando a comunicação entre criação e produção gráfica.

Síntese

Neste capítulo, abordamos a relação histórica entre a mídia impressa e a publicidade e refletimos sobre o futuro dos impressos publicitários em meio à cultura digital. Concluímos que, assim como a mídia impressa sobreviveu à revolução do rádio e da TV, também há sinais de que se preservará diante das mídias virtuais. Isso porque os impressos ainda são considerados meios de comunicação com maior credibilidade, além de contar com valores materiais e sensoriais agregados, fatores que proporcionam experiências de uso diferenciadas e relevantes para o ramo da publicidade, que lida diretamente com o encantamento.

Para reforçar essa compreensão, listamos os tipos de impressos publicitários mais comuns, lembrando que podem ter ciclos de vida variáveis de acordo com sua função – há impressos que são descartáveis, feitos para comunicação rápida e distribuição em massa; impressos mais elaborados, mas que também comunicam mensagens com temporalidade limitada; impressos feitos para durar, que podem até mesmo se tornar itens de colecionador; e impressos que têm características estruturais próprias, como brindes e embalagens.

Finalmente, traçamos um panorama geral de como os impressos são desenvolvidos dentro das agências de publicidade e confeccionados dentro das gráficas convencionais. Todos esses processos serão mais detalhados nos capítulos seguintes.

Questões para revisão

1) Por que podemos afirmar que a mídia impressa ainda tem relevância no contexto atual, dominado pela tecnologia digital?

2) Cite quais setores da agência de publicidade estão envolvidos no desenvolvimento de projetos de impressos e explique quais são as funções e responsabilidades dos profissionais desses setores.

3) A respeito dos impressos publicitários, avalie as seguintes afirmativas como verdadeiras (V) ou falsas (F):
   ( ) Anuários são exemplos de impressos publicitários descartáveis, produzidos em grande tiragem e com custo reduzido.
   ( ) Quando um cartaz torna-se icônico, seu tempo de vida pode ser prolongado, pois ele passa a configurar um objeto de decoração ou coleção, o pôster.
   ( ) Nem sempre a equipe de criação detém o controle total sobre o projeto impresso, pois o anúncio criado pode ser apenas uma inserção em outra publicação.
   ( ) Embalagens não podem ser consideradas impressos publicitários, pois não configuram um material de divulgação.

   A sequência correta é:
   a) F, V, V, F.
   b) F, F, F, V.
   c) F, V, F, V.
   d) V, F, F, V.
   e) V, F, V, F.

4) Assinale a sequência correta dos setores no fluxo de produção de um impresso em uma gráfica convencional:
   a) Arte; gravação; fotolito; impressão; acabamento.
   b) Arte; fotolito; impressão; gravação; acabamento.
   c) Arte; fotolito; gravação; impressão; acabamento.
   d) Fotolito; arte; gravação; impressão; acabamento.
   e) Gravação; arte; fotolito; acabamento; impressão.

5) Qual é a principal vantagem dos brindes em relação a outros tipos de impressos publicitários?
   a) Os brindes são sempre impressos por processos digitais, o que facilita sua personalização.
   b) Os brindes podem ser produzidos em pequena escala, enquanto os impressos em papel só podem ser feitos em altas tiragens.
   c) Os brindes têm custo de produção inferior quando comparados aos demais tipos de impresso.
   d) Os brindes são descartáveis, podendo ser facilmente substituídos por modelos novos.
   e) Os brindes são utilizados continuamente, reforçando a imagem da empresa no dia a dia do cliente.

2
Planejamento gráfico e pré-impressão

Conteúdos do capítulo:

- Características da imagem digital.
- Sistemas de cor utilizados para impressão.
- Separação de cores de imagens digitais.
- Arte-final e fechamento de arquivos para impressão.

Após o estudo deste capítulo, você será capaz de:

1. identificar as características da imagem digital;
2. distinguir os diferentes sistemas de cor utilizados nos impressos;
3. reconhecer as características técnicas de um fotolito;
4. realizar a separação de cores de uma imagem digital;
5. fazer o fechamento de um arquivo para impressão.

Ao conceber qualquer projeto gráfico, é preciso ter em mente suas dimensões, a quantidade de cores, o processo de impressão que será utilizado, os acabamentos que serão aplicados, entre outros aspectos técnicos. Todas essas escolhas fazem parte do **planejamento gráfico**, uma tarefa essencial ao projeto, porque essas especificações interferem diretamente na execução da **arte-final**, que é a materialização da criação – ou seja, o projeto gráfico executado digitalmente e pronto para impressão.

Para compreender melhor como a arte-final está relacionada a todos esses fatores técnicos e produtivos, você vai ver neste capítulo as principais características da imagem digital e como ela é manipulada para se transformar em imagem impressa com a melhor qualidade possível. Também vai entender como a teoria da cor se aplica aos processos de impressão e de que forma isso interfere nas especificações técnicas de um projeto. Finalmente, vai aprender como fazer o fechamento dos arquivos de arte-final e como deve ser feito o processo de pré-impressão antes da produção de uma tiragem completa de impressos.

2.1
Imagens para impressos

Antigamente, o processo gráfico era essencialmente material. Os *layouts* eram feitos manualmente, usando réguas paralelas, canetas nanquim, recortes e decalques. As fotografias eram analógicas e precisavam ser reveladas e manipuladas para serem aplicadas nos projetos. Todo esse processo era bastante demorado e exigia conhecimento técnico específico e, embora muito importantes para o desenvolvimento da indústria gráfica ao longo do século XX, atualmente essas técnicas já caíram em desuso em razão dos imensos avanços tecnológicos.

Hoje em dia, praticamente todas as imagens que vemos impressas tiveram origem no meio digital. Tanto os *softwares* de diagramação quanto os de edição de imagem estão cada vez mais desenvolvidos e acessíveis, assim como a fotografia digital profissional. Por isso, antes de falarmos sobre a imagem impressa, vamos abordar a imagem digital, suas características, sua construção e os processos pelos quais ela passa antes de se materializar no papel.

2.1.1
Resolução de imagem

Podemos entender a imagem digital como um mosaico. Ao olharmos o todo, de longe, ela parece realista, com transições suaves de tonalidade, mas se aumentarmos o *zoom* ao extremo, percebemos que essas gradações tonais são, na verdade, uma série de quadrados, com diferentes cores sólidas, posicionados um ao lado do outro. É a mistura dessas cores, vista a distância, que gera as massas tonais que percebemos na imagem.

Na imagem digital, vista em tela, esses quadrados são a menor parte e também a unidade de medida da imagem, os chamados *pixels*. Assim, quando dizemos que a dimensão de uma imagem é de 1500 × 1000 *pixels*, queremos dizer que há 1500 quadrados de cor posicionados lado a lado na largura, e 1000 quadrados de cor posicionados lado a lado na altura.

Quando essa imagem é passada para o papel, a lógica é semelhante, mas em vez dos *pixels*, são pequenos pontos de tinta combinados que constroem a imagem. Diferentemente dos *pixels*, esses pontos podem ter tamanho variável. Por exemplo, duas imagens de tamanho 15 × 10 cm podem ter uma quantidade diferente de pontos na largura e na altura. Supondo que uma imagem tenha 1700 pontos distribuídos em 15 cm de largura e outra tenha 425 pontos distribuídos também em 15 cm de largura, podemos concluir que os pontos da primeira imagem são menores, pois devem se acomodar em maior quantidade no mesmo espaço físico disponível. Voltando à analogia do mosaico, quanto menores as unidades de cor, mais detalhada e definida a imagem. É esse o conceito de *resolução* de imagem.

A unidade de medida da resolução de imagem é o *dpi* – do inglês *dots per inch*, "pontos por polegada". Por exemplo, quando dizemos que uma imagem tem resolução de 300 dpi, quer dizer que no espaço de uma polegada (o equivalente a 2,54 cm) encontramos 300 pontos impressos, um ao lado do outro, para formar a imagem. Portanto, quanto maior a resolução, maior o número de pontos em uma área e, consequentemente, menores serão os pontos, gerando maior detalhamento. A resolução é uma das características essenciais da imagem e está diretamente relacionada à qualidade e à definição de seu formato impresso.

Segundo Martins (2009), o valor de referência de resolução de imagem para impressos é 300 dpi. Em impressões domésticas ou de rascunho, pode também ser usada a resolução de 150 dpi, mas jamais inferior a isso. É importante notar que esse valor de resolução é uma definição dos próprios equipamentos de impressão – assim, não adianta criar imagens de 600 dpi para tentar garantir uma qualidade superior porque, ao chegar na impressora, ela será redimensionada para 300 dpi de qualquer maneira. Os arquivos com resolução exagerada ficam mais pesados e não garantem uma impressão de qualidade superior.

Todas essas informações são relativas aos processos de impressão digital, ou seja, de imagens que saem do computador diretamente para a impressora. Entretanto, mesmo ao usar os processos de impressão tradicionais (que vamos conhecer melhor no Capítulo 3), a impressão digital está presente na confecção do fotolito ou na gravação a *laser* das matrizes, processos intermediários que abordaremos ao final deste capítulo.

Como a resolução é uma característica essencial da imagem, ela não deve ser uma preocupação apenas no momento de transformar a imagem digital em impressa – no processo contrário, denominado *digitalização*, a resolução também é um fator determinante para a qualidade da imagem.

2.1.2
Digitalização

Hoje em dia, a maioria das imagens utilizadas nos impressos têm origem digital, pois os *layouts* são desenvolvidos inteiramente em *softwares*, assim como alguns tipos de ilustração. Até mesmo fotografias profissionais deixaram de ser reveladas em filme para posterior digitalização e passaram a ser transportadas diretamente da câmera para o computador em arquivos nativos. Entretanto, ainda há situações em que é preciso digitalizar ilustrações manuais ou outros tipos de materiais de referência, principalmente se forem de acervo histórico.

Nesses casos, é importante passar as imagens físicas para o formato digital sem perder sua qualidade e suas características essenciais de cor, para que o impresso final fique tão fiel quanto possível à imagem original. O processo digital é um intermediário que deve sempre aprimorar, e nunca prejudicar a imagem.

As imagens físicas são capturadas por meio de *scanners*, que podem ser de mesa ou de cilindro, conforme explica Martins (2009). Os *scanners* de mesa são aqueles equipamentos que muitas vezes encontramos em casa ou no trabalho, geralmente no tamanho A4, mas também podendo suportar o tamanho A3. Quando bem calibrados, eles são bons o suficiente para capturar imagens em resolução mínima para impressão, por isso são muito utilizados nas agências para trabalhos intermediários. Entretanto, para uma captura definitiva da imagem, com alta resolução, é preciso utilizar os *scanners* de cilindro, equipamentos maiores e bem mais caros, geralmente encontrados nos birôs prestadores de serviço. Esses equipamentos podem alcançar até 9000 dpi de resolução e trabalhar com tamanhos superiores ao A3.

A resolução de captura é uma configuração importante na digitalização de imagens. Quanto maior a resolução, maior o número de *pixels* em uma imagem digital. Assim, ao diminuir a dimensão em *pixels* de uma imagem digitalizada, sua resolução aumenta, pois o tamanho dos pontos também diminui, aumentando a concentração de pontos por polegada. O contrário também acontece – ao aumentar a dimensão em *pixels* de uma imagem digital, sua resolução baixa, pois os pontos formadores da imagem são "esticados" para atender ao novo tamanho. Como destacamos anteriormente, a resolução ideal para impressão é de 300 dpi; ao digitalizar uma imagem com resolução inferior a essa, seu resultado de impressão será de baixa qualidade. Assim, é comum que a digitalização ocorra em resoluções muito elevadas, entre 600 e 1200 dpi, justamente para que exista a possibilidade de ampliar a imagem original sem perder sua qualidade.

Com as imagens já digitalizadas, é possível fazer as edições digitais necessárias para que elas fiquem prontas para a arte-final. Como você vai ver no próximo capítulo, na impressão digital esse processo é direto. Entretanto, ao utilizar os processos tradicionais de impressão, é preciso realizar uma série de procedimentos de edição para tornar a impressão da imagem tecnicamente viável, conforme a limitação de cores das máquinas.

2.1.3
Reticulagem e imagens meio-tom

Ao pensar em um desenho manual artístico em tons de cinza, talvez a primeira associação que você faça seja com a técnica do grafite, que permite gradações tonais suaves para obter tantas tonalidades de sombra quanto forem necessárias para que uma imagem seja realista. Entretanto, essa não é a única alternativa para o desenho monocromático – a técnica de pontilhismo, por exemplo, permite a reprodução de imagens com alto grau de detalhamento utilizando apenas a cor preta. Essa técnica utiliza pequenos pontos, geralmente feitos a nanquim, que são mais ou menos concentrados em uma região para dar a ilusão de tonalidade. Quanto mais pontos agrupados em uma área, mais escura ela aparenta ser e, conforme eles vão ficando mais espaçados, a percepção é a de uma massa tonal mais clara, pois o fundo branco do papel é mais aparente. Assim, a junção de pequenos pontos pretos em diferentes densidades é capaz de simular as tonalidades de cinza ao olhar a imagem completa à distância.

Esse mesmo princípio é utilizado nas artes gráficas para representar imagens em apenas uma cor. Segundo Fernandes (2003), a imagem que é revelada como uma fotografia, apresentando diversas tonalidades de cinza, é chamada de *tom contínuo*. A imagem que apresenta a ilusão de tonalidades de cinza provocada por sua decomposição em pontos, por sua vez, é chamada de *meio-tom* ou *halftone*. Esse processo de decomposição da imagem em pequenos pontos chama-se *reticulagem*, uma vez que as imagens pontilhadas são chamadas de *retículas*. A Figura 2.1 a seguir mostra uma comparação entre a escala de cinza obtida por tom contínuo e a obtida por retícula. É possível fazer uma analogia entre a quantidade de pontos no papel e a quantidade de pigmento utilizado no preparo da tinta física: um cinza 50%, por exemplo, é obtido pela mistura de partes iguais de tinta preta e tinta branca; no caso da retícula, é obtido pela distribuição igual de áreas preenchidas com pontos e áreas que deixam o fundo branco do papel à mostra.

Figura 2.1 Escala tonal de cinza representada em retícula

A retícula não é utilizada apenas em preto, pode ser aplicada em cores também. Isso faz dela um elemento essencial na construção de imagens impressas, porque, como abordaremos com mais detalhes no Capítulo 3, a maioria dos processos de impressão convencionais utiliza matrizes – chapas que servem como base para a impressão – que funcionam de forma binária: registram as áreas que devem receber tinta e as áreas que devem ficar sem tinta. Assim, cada matriz imprime apenas uma cor por vez, o que é bastante simples se se trabalha com imagens chapadas, mas pode se tornar mais elaborado quando é preciso reproduzir imagens complexas, como fotografias. Nesses casos, é necessário transformar a imagem de tom contínuo em meio-tom.

Isso é possível porque as retículas trabalham com pontos muito pequenos, que quase não podem ser vistos a olho nu. Segundo Fernandes (2003), o que determina o tamanho desses pontos é a **lineatura** da retícula, ou seja, a quantidade de linhas de pontos em cada polegada de imagem. Por exemplo, uma polegada de uma retícula de lineatura 150 tem 150 linhas de pontos formadores da imagem. O que determina a lineatura ideal para uma retícula gráfica é o tipo de papel que vai receber a imagem e o tipo de matriz de impressão, uma vez que algumas permitem maior detalhamento de gravação do que outras. O mais comum na indústria gráfica é entre 150 e 200 linhas, mas para impressos em papéis mais porosos, como o jornal, o ideal é trabalhar com não mais do que 100 linhas; em papéis de bom acabamento superficial, é possível chegar a 300 linhas. Quanto mais linhas por polegadas, menores serão os pontos e mais suave será a transição de tonalidades da imagem.

Villas-Boas (2010) alerta para um possível problema no uso de retículas, o ganho de ponto, que diz respeito à variação da forma e do tamanho dos pontos da retícula nos impressos, o que pode gerar perda de detalhes e de contraste, escurecimento da imagem e falhas em *dégradés*. É praticamente impossível evitar o ganho de ponto, mas é preciso mantê-lo dentro de uma margem de tolerância para não comprometer os resultados. Medidas como o uso de papéis menos absorventes e o ajuste de lineatura podem ser eficientes. Entretanto, em impressões como o jornal, que necessariamente contam com um papel poroso e maquinário de alta velocidade, é preciso tomar cuidado já na arte-final para não utilizar textos e imagens em tamanhos muito pequenos, que possam perder a definição.

Existem processos físicos para a transformação de imagens de tom contínuo em imagens de meio-tom. A maioria funciona com a estrutura básica apresentada na Figura 2.2 a seguir – uma fonte de luz incide sobre o negativo da imagem original (como na fotografia analógica), passa por uma camada intermediária, que contém uma retícula genérica na lineatura desejada, e atinge o filme virgem, que é gravado com a imagem já filtrada em formato de pontos. Entretanto, hoje em dia esse processo é feito quase sempre de maneira digital.

Figura 2.2 Processo analógico de transformação de imagens de tom contínuo em meio-tom

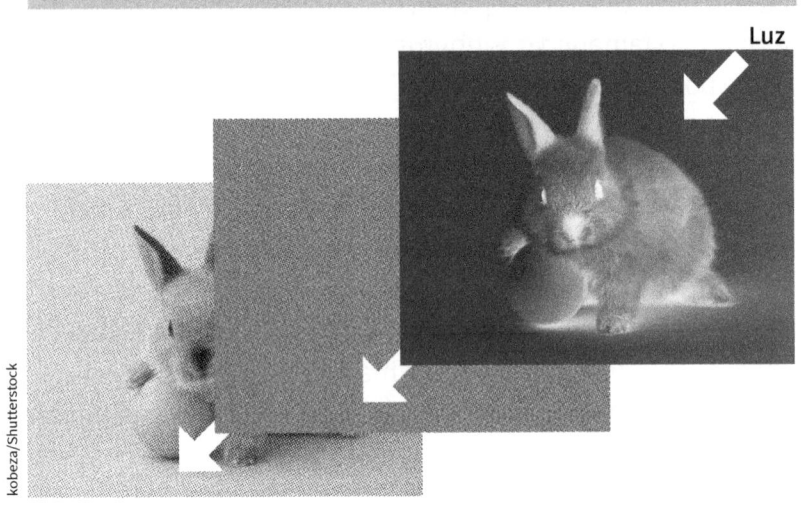

kobeza/Shutterstock

É possível transformar facilmente qualquer imagem em tons contínuos de cinza em uma imagem meio-tom por meio de *softwares* de edição de imagem. Aqui utilizaremos como exemplo o Adobe Photoshop CC (Figura 2.3), mas é importante destacar que outros *softwares*, ou mesmo outras versões desse mesmo *software*, podem apresentar funções diferentes. A primeira ação é verificar no menu "Imagem > Modo" se ela efetivamente está em "Escala de cinza". Uma vez nessa configuração, no mesmo menu, estará ativada a opção "Bitmap...", que abrirá uma caixa de diálogo solicitando a resolução desejada para a imagem e o método, que deverá ser "Tela de meio-tom...". Em seguida, é preciso indicar a "Frequência", que nada mais é do que a lineatura da retícula, e o "Ângulo", que vai determinar a angulação das linhas de pontos (falaremos disso com mais detalhes no próximo tópico). Também é possível atribuir algum "Formato" diferente aos pontos, mas o mais utilizado é o redondo.

Figura 2.3 Processo de reticulagem no *software* Adobe Photoshop

Ao trabalhar com imagens monocromáticas, esse processo de reticulagem acontece de uma só vez e o resultado é apenas uma imagem em meio-tom. Entretanto, ao trabalhar com imagens coloridas, é preciso decompô-las em suas cores primárias e gerar uma imagem em meio-tom para cada cor, porque somente com a sobreposição de todas as retículas chega-se à imagem completa. Assim, primeiro descreveremos como as cores funcionam nos trabalhos impressos para depois demonstrar a separação de cores na prática.

2.2
Cores para impressos

Em razão das restrições técnicas das máquinas tipográficas, os primeiros impressos tinham apenas uma cor. Esse modelo monocromático ainda funciona para muitos tipos de publicações informativas, que contam apenas com texto – entretanto, tratando-se de impressos que incluem imagens e que devem cativar o consumidor, quase sempre o objetivo é obter resultados complexos e coloridos. Por isso, a utilização de cores nos impressos acaba sendo uma compreensão fundamental para praticamente todos os processos de impressão que abordaremos no próximo capítulo. A seguir, você vai estudar um pouco da teoria da cor e verificar como ela se manifesta na prática no processo gráfico.

2.2.1
Sistemas de cor: RGB e CMYK

Quando observamos um arco-íris no céu, estamos diante de um fenômeno físico que explica a base da teoria das cores: a luz branca do sol passa por um "prisma" (as gotículas de água) e é decomposta em suas diferentes radiações. Cada cor do arco-íris é, na verdade, uma radiação de luz com um comprimento de onda específico, e a luz branca é a soma de todas elas. Silveira (2015) explica que nossa percepção de cores é gerada pela interação entre a luz e os objetos. Quando a luz branca incide sobre uma superfície, esta absorve algumas dessas radiações e reflete outras. Assim, o que enxergamos como cor do objeto são as radiações que ele reflete, enquanto as cores que não percebemos nele são absorvidas – por exemplo, a casca de uma maçã, ao receber a luz branca, reflete as radiações com comprimentos de onda relativos ao que chamamos de *vermelho*, enquanto as radiações das demais cores são absorvidas por ela e não conseguimos vê-las.

A luz, portanto, contendo características de cor, pode ser emitida ou refletida. Ou seja, nossa percepção de cor pode se dar de duas maneiras: pela emissão de uma radiação luminosa colorida, ou pelas características de uma superfície material que interage com essa luz.

As cores que têm como origem uma fonte luminosa são chamadas de *cores-luz*. A associação mais literal seria a de um holofote que projeta uma luz vermelha, por exemplo, mas também é o caso de todos os dispositivos digitais que utilizamos – as cores percebidas nas telas de computadores e celulares nada mais são do que radiações luminosas coloridas. As cores-luz primárias são o vermelho, o verde e o azul, pois elas não podem ser obtidas pela mistura de outras cores, e todas as outras cores são obtidas pela mistura delas. A luz branca, como já destacamos, é a soma de todas as radiações luminosas coloridas, assim, Martins (2009) explica que as cores-luz fazem parte do chamado *sistema aditivo* de cores

(Figura 2.4), pois a soma das cores gera o branco e a ausência de cor gera o preto. Essa teoria também é a base do modelo de cores RGB – *Red* (vermelho), *Green* (verde), *Blue* (azul), – que é a referência para criações digitais.

Figura 2.4 Sistema aditivo (cores-luz)

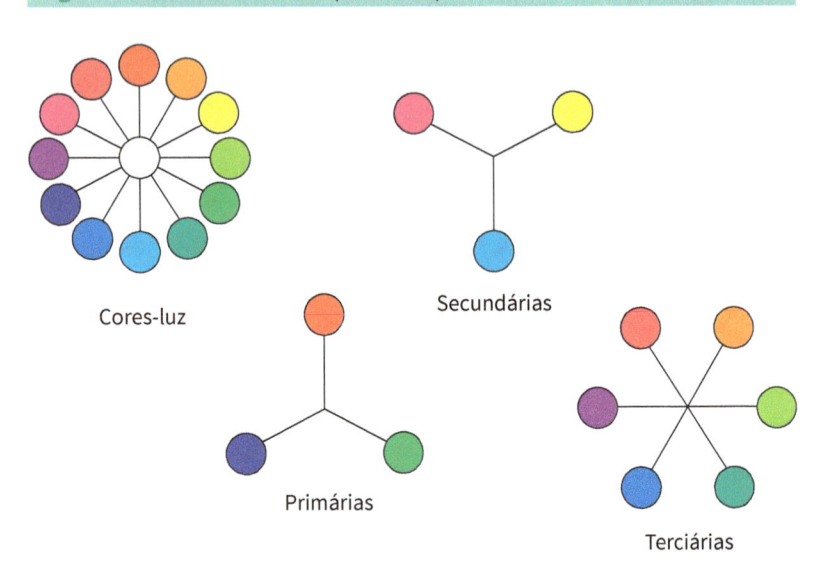

Cores-luz

Secundárias

Primárias

Terciárias

Fonte: Silveira, 2015, p. 49.

As cores que têm como origem superfícies que refletem a luz, por sua vez, são as *cores-pigmento*. Trata-se de qualquer manifestação cromática que seja material e não virtual, como a cor-luz. Nesse caso, as cores fazem parte do sistema chamado *subtrativo*, no qual o branco é a ausência de cor e o preto é a soma total das cores. Para entender melhor esse nome, pense que o papel em branco reflete toda a luz e, conforme acrescentamos cores a ele, cada vez mais radiações luminosas são absorvidas e menos são refletidas. Assim, as cores são obtidas pela subtração da luz de cores diversas.

Silveira (2015) explica que existem dois conjuntos de cores-pigmento: o das cores opacas e o das cores transparentes. As cores-pigmento opacas são aquelas usadas na pintura, com tintas mais espessas e outros materiais que não sejam translúcidos. Nesse grupo, são consideradas cores primárias o vermelho, o azul e o amarelo, conforme aprendemos na escola quando crianças. As cores-pigmento transparentes, por sua vez, são aquelas usadas nas artes gráficas e com qualquer material que apresente translucidez. Nesse conjunto, as cores primárias são o ciano, o amarelo e o magenta (Figura 2.5).

Figura 2.5 Sistema subtrativo (cores-pigmento transparentes)

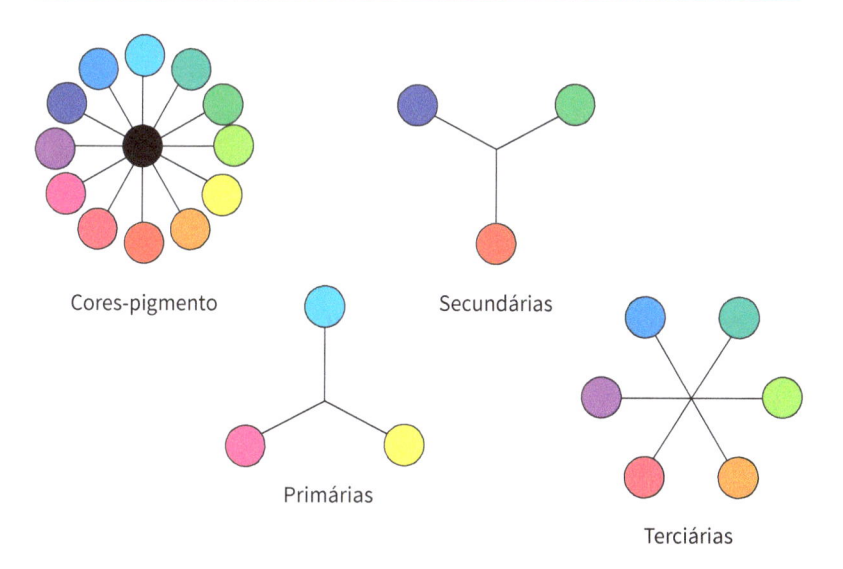

Cores-pigmento

Secundárias

Primárias

Terciárias

Fonte: Silveira, 2015, p. 47.

Embora, na teoria da síntese subtrativa, a soma das cores-pigmento primárias devesse ter como resultado o preto, na prática elas são capazes de chegar, no máximo, ao cinza neutro. Assim, surge a necessidade de acrescentar ao conjunto de três cores o preto. Essa é a base do modelo de cores CMYK – *Cyan* (ciano), Magenta, *Yellow* (amarelo), *blacK* (preto) – considerado referência para a indústria gráfica.

É importante compreender a diferença entre os modelos de cor RGB e CMYK, pois, no processo gráfico, trabalha-se com ambos em momentos distintos. Ao criar as artes no computador, todas as cores são baseadas no modelo RGB. Entretanto, ao passar para a produção, elas devem ser traduzidas para cores do modelo CMYK. Essa conversão não é tão simples, pois os modelos têm características distintas, o que faz com que seu espectro seja também diferente – existem mais tonalidades possíveis no sistema RGB do que no CMYK.

Assim, nem todos os tons visualizados na tela do computador podem ser traduzidos com exatidão no impresso. Muitos serão adaptados para tonalidades próximas, o que pode fazer com que a imagem pareça mais chapada e, na maioria das vezes, mais escura. Além disso, a cor é sujeita à interferência dos materiais, por isso, é normal que existam diferenças de cor entre imagens impressas e digitais, entre imagens impressas em substratos diferentes, e até mesmo entre imagens digitais visualizadas em dispositivos diferentes.

Após esse breve estudo da teoria das cores, você deve ter chegado à conclusão de que os trabalhos impressos utilizam-se das cores-pigmento transparentes, ou seja, do sistema CMYK. Isso quer dizer que até mesmo as imagens mais complexas, que possuem inúmeras tonalidades diferentes, como fotografias, podem ser decompostas nessas quatro cores.

Para isso, é preciso combinar essas cores primárias em proporções diferentes a cada fração de milímetros da imagem, o que ocorre por um processo denominado *policromia*. Também chamada de *quadricromia*, a policromia nada mais é do que a impressão sobreposta das quatro diferentes áreas de cor da imagem, uma sobreposição que é possível por dois fatores: o uso de tintas translúcidas e de imagens reticuladas. Mais adiante, veremos na prática como fazer a separação de cores da imagem e gerar essas retículas.

2.2.2
Outros sistemas de cor

O processo predominante para a construção de imagens na indústria gráfica é a policromia, que mistura as cores primárias para a obtenção de imagens com diferentes tonalidades. Entretanto, às vezes é necessária uma única cor, e não essas variações. Assim, também é possível usar os valores das cores primárias como referência para o preparo de tintas específicas. Um sistema muito utilizado nas gráficas, que funciona como uma "receita" para a obtenção de cores, é a **Escala Europa**. Fernandes (2003) explica que ela consiste em conjuntos de quadrados que apresentam a mistura das cores primárias, progredindo de 10% em 10%. Vamos utilizar um de seus quadros como exemplo (Figura 2.6).

Figura 2.6 Quadro da Escala Europa para referência de cores CMYK

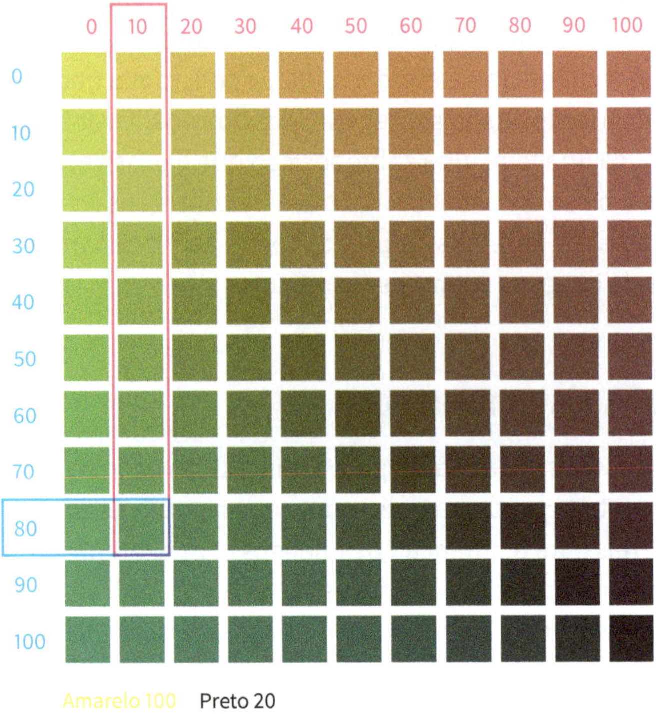

Amarelo 100   Preto 20

Fonte: Baer, 2005.

Veja que, para obter a tonalidade de verde sinalizada na imagem, a indicação de valor é de 80% na escala de ciano, 10% na escala de magenta, 100% na escala de amarelo e 20% na de preto. Nesse quadro específico, os valores de ciano e magenta são variáveis, enquanto os de amarelo e preto são os mesmos em todos os quadrados.

Você deve ser percebido que a soma das porcentagens não totaliza 100% – isso ocorre porque, a "receita" da cor acima, por exemplo, não indica que 80% da quantidade total de pigmento usada na tinta deve ser ciano, 10% deve ser magenta, e assim por diante. Na verdade, a indicação é a de que aquela área do papel está 80% coberta pela cor ciano – o que ocorre por meio de retículas –, enquanto os outros 20% ficaram "vazados", ou seja, com o fundo do papel aparente. Como as cores são translúcidas, ao acrescentar o magenta em apenas 10% da mesma área, não apenas o fundo do papel fica aparente, mas também o ciano que está por baixo, gerando a ilusão da mistura.

Outra escala de referência para cores específicas é a **Pantone**®. Segundo Villas-Boas (2010), ela foi criada em 1963 e começou a ser adotada gradativamente em diversas indústrias, que hoje contam com catálogos específicos. É baseada em 14 pigmentos padronizados pela empresa, além do branco transparente, que são combinados de modo a obter cores especiais. O Quadro 2.1 lista essas cores-base, que não têm um código no mesmo formato das outras, conforme destacaremos na sequência.

Quadro 2.1 Cores básicas do sistema Pantone®

CORES BÁSICAS DO SISTEMA PANTONE®	
PANTONE Yellow	PANTONE Reflex Blue
PANTONE Purple	PANTONE Red 032
PANTONE Yellow 012	PANTONE Process Blue
PANTONE Violet	PANTONE Rubine Red
PANTONE Orange 021	PANTONE Green
PANTONE Blue 072	PANTONE Rhodamine Red
PANTONE Warm Red	PANTONE Black
Adicional: PANTONE Transparent White	

Fonte: Elaborado com base em Pantone®, 2018.

Os guias Pantone® são mostruários que apresentam os quadros de cor e o respectivo código abaixo de cada um. Esse código é o indicativo de qual mistura deve ser feita para alcançar aquela cor. Geralmente, cada faixa do mostruário apresenta uma cor central, obtida pelos 14 pigmentos especiais, 3 variantes dessa cor acrescidas de preto à sua direita e 3 variantes acrescidas de branco à sua esquerda. Por exemplo, a cor PANTONE 165C mistura de 50% da cor PANTONE Yellow e 50% da cor PANTONE Warm Red. As cores à esquerda dela, 164C, 163C e 162C, são progressivamente mais claras pela adição do branco transparente, enquanto as cores à direita, 166C, 167C e 168C, são progressivamente mais escuras pela adição do preto.

A letra indicada ao final do código numérico diz respeito ao tipo de acabamento superficial: C para *coated*, U para *uncoated* e M para *matte*. Essa é uma indicação importante porque o grau de brilho da superfície interfere diretamente na percepção da cor. A mais comum é a *coated*, que diz respeito aos papéis com algum tipo de acabamento superficial, como o cuchê. O *uncoated* é o papel sem acabamento, como o *offset*, e o *matte* é aquele que possui acabamento fosco. Vamos falar mais sobre esses acabamentos quando tratarmos dos papéis, no Capítulo 4.

É importante ainda notar que a Pantone® hoje oferece guias adaptados para diversas indústrias além da gráfica. Assim, há cartelas e códigos específicos para têxteis – que diferenciam inclusive tecidos de algodão e náilon, por exemplo –, plásticos e até mesmo cosméticos. Embora nada tenha a precisão do mostruário impresso – que, inclusive, recomenda-se atualizar anualmente para evitar desgaste das cores –, no *site* e nos aplicativos para celular da Pantone® é possível consultar o guia, capturar cores por meio da câmera, entre outras funcionalidades.

2.2.3
Cores especiais

Em impressos, trabalha-se com a cor-pigmento, ou seja, o modelo de cor CMYK. Isso quer dizer que as diferentes tonalidades de uma imagem podem ser obtidas pela mistura dessas cores primárias. Entretanto, nem todo impresso precisa ser obtido por policromia – alguns materiais institucionais, por exemplo, podem utilizar-se diretamente de duas cores específicas da identidade visual, sem mistura. Além disso, muitas vezes é utilizado algum pigmento diferenciado no projeto – como branco, dourado ou fluorescente –, assim, é necessário acrescentar uma quinta cor a essa conta. Qualquer aplicação de cor que fuja da policromia pode ser chamada de **cor especial**.

Existem diversas maneiras de especificar as cores especiais. De acordo com Villas-Boas (2010), uma maneira é consultá-las no catálogo do fornecedor e comprar a tinta já preparada, o que reduz a possibilidade de erro. É o processo mais comum quando o objetivo é obter metalizados-padrão, como dourado e prata, e cores fluorescentes. Entretanto, além da limitação às opções oferecidas pelo fornecedor, nesse processo existe o risco de não encontrar mais a mesma tinta para repetir o impresso após certo tempo, uma vez que os catálogos são constantemente reformulados.

Outra opção é o uso da escala Pantone®. Nesse caso, as tintas são produzidas com rigoroso controle de qualidade sob supervisão da empresa, para que estejam sempre fiéis ao mostruário.

Há ainda a possibilidade de tentar obter a cor da tinta usando como base outros impressos, ou até mesmo objetos de referência. Entretanto, esse processo oferece pouca precisão, porque cada superfície influencia a cor de maneiras diferentes. Além disso, por ser um procedimento baseado na tentativa e erro, pode haver desperdício de tempo e material caso o profissional não seja experiente.

Nesse caso, um cuidado a ser tomado é o preparo de uma quantidade adequada de tinta para toda a tiragem, pois uma nova mistura dificilmente será idêntica à original. Além disso, é importante lembrar que o uso de cores especiais só faz sentido ao acrescentar um pigmento diferenciado, ou para obter um número de entradas em máquina inferior a 4, que é o que ocorre na policromia. Vamos entender melhor esse conceito a seguir.

2.2.4
Especificação de cores

Villas-Boas (2010) explica que existe uma especificação padronizada para a indicação de cores, chamada de **entrada em máquina**. Como cada cor utilizada no impresso configura uma impressão, para cada uma delas é confeccionada uma matriz diferente e o impresso é passado pela máquina mais uma vez. Assim, quanto mais cores utilizadas, maior o custo de impressão.

A informação de entrada em máquina é indicada pelo código X/Y ("X barra Y") ou X × Y ("X por Y"), no qual **X** é a quantidade de cores da frente do impresso e **Y** a do verso. Por exemplo, um cartão de visitas com frente colorida em policromia e verso em preto é indicado pelo código 4 × 1. Um cartaz que conte com impressão colorida em policromia acrescida de uma cor especial na frente e verso sem impressão, por sua vez, recebe a indicação 5 × 0. Veja um resumo dessas possibilidades e alguns exemplos no Quadro 2.2 a seguir.

Quadro 2.2 Especificação de cores

Especificação	Descrição	Exemplo
1 × 0	1 cor na frente Sem impressão no verso	
1 × 1	1 cor na frente 1 cor no verso	
2 × 0	2 cores na frente Sem impressão no verso	
4 × 0	Policromia na frente Sem impressão no verso	
4 × 1	Policromia na frente 1 cor no verso	

(continua)

(Quadro 2.2 – conclusão)

Especificação	Descrição	Exemplo
4 × 4	Policromia na frente Policromia no verso	
5 × 4	Policromia + cor especial na frente Policromia no verso	

As especificações mais comuns são 1, 4 ou 5 cores por face, mas também há códigos do tipo 2 × 0, por exemplo, quando o impresso é feito em cores chapadas combinadas. Geralmente, essas cores não são necessariamente uma das primárias, podendo ser indicadas pelas escalas Pantone® ou CMYK. De qualquer maneira, é preciso sempre lembrar que cada cor configura uma camada de impressão adicional. Por isso, para cada cor utilizada é necessário confeccionar um fotolito diferente. A seguir, você vai saber mais sobre esta última etapa do processo de arte-finalização.

Perguntas & respostas

A entrada em máquina também vale para a impressão digital?

Nos processos digitais de impressão, todas as cores são impressas ao mesmo tempo, na mesma entrada em máquina. Ainda assim, os tons são compostos como policromia, tomando como base as cores primárias CMYK. Por isso, ainda é utilizado o sistema XxY para indicar se o impresso é colorido (4) ou monocromático (1), pois isso interfere na escolha da impressora e no consumo de pigmento.

2.3
Fotolito

Villas-Boas (2010) explica que a maioria dos processos de impressão tradicionais contam com uma matriz física e, conforme abordaremos com mais detalhes no Capítulo 3, a maior parte dessas matrizes é produzida por algum processo de fotogravura. Esses processos se utilizam da luz para sensibilizar quimicamente algum material e precisam de um tipo de "máscara" que faz com que essa sensibilização ocorra apenas em partes específicas da matriz, no formato exato da imagem que deverá ser impressa. No processo gráfico, essa máscara é chamada de **fotolito** e consiste em um filme transparente, impresso apenas na cor preta, de modo a proteger algumas áreas da luz.

Em um processo genérico de fotogravura, a matriz de impressão, ainda virgem, recebe uma camada de algum tipo de material fotossensível em sua superfície. Esse material, em geral, solidifica-se na presença da luz. Assim, antes de ser exposto à luz, ele precisa ser coberto pelo fotolito, que traz a imagem impressa apenas na cor preta. As áreas da matriz que estão embaixo da arte, na cor preta, não recebem luz e permanecem em seu estado original; as que estão cobertas pelas porções transparentes do fotolito recebem luz e se solidificam. Assim, após ser exposta à luz, a matriz passa por um processo de limpeza para remover o material que não foi sensibilizado e preservar o que foi solidificado. Essas áreas já estão no formato da imagem a ser impressa, graças ao fotolito.

Mesmo nos novos processos de gravação de matrizes, feitos a *laser*, o arquivo digital do fotolito é utilizado como referência. É importante entender esse processo porque, conforme explicado por Fernandes (2003), as máquinas tradicionais imprimem somente uma cor de cada vez, por isso é necessário decompor as imagens gráficas em cores individuais. Para cada cor é feito um fotolito diferente, e a separação mais comum é a policromia – ou seja, cada imagem fotográfica pode ser construída com quatro fotolitos, cada um deles correspondendo a uma das cores primárias do sistema CMYK. Essa separação é possível por meio da decomposição da imagem em seus canais de cor primários e da transformação de cada um deles em retícula, processo que detalharemos a seguir.

2.3.1
Separação de cores

No início do capítulo, você viu que, no processo gráfico, é utilizado o modelo CMYK, composto por cores-pigmento transparentes. Isso quer dizer que é possível obter as tonalidades complexas de uma imagem por meio da sobreposição das cores primárias, em maior ou menor concentração. Analise a Figura 2.7 a seguir.

Quando a imagem original é decomposta nas quatro cores primárias, o resultado são as quatro "películas" monocromáticas, com maior concentração de cor em determinadas áreas. Assim, imaginando que cada cor seja impressa em uma película transparente, a sobreposição dessas películas resulta nas combinações de cor, gerando as cores secundárias: o magenta e o amarelo se misturam para formar tons de vermelho e laranja; o ciano e o amarelo formam os verdes; e o magenta e o ciano formamos roxos. Ao juntar as películas

Planejamento gráfico e pré-impressão | 71

Figura 2.7 Decomposição de imagem em cores primárias e sobreposição das cores

Anansing/Shutterstock

de magenta, amarelo e ciano, a imagem fica praticamente completa, faltando apenas o preto para escurecer totalmente as áreas de menor luz.

É exatamente esse o processo feito para a confecção dos fotolitos: em *softwares* de edição de imagem, como o Adobe Photoshop, é possível separar a imagem em seus quatro canais de cor. Para isso, a primeiramente ação é verificar se a imagem está no modo de cor correto no menu "Imagem > Modo > Cores CMYK". Em seguida, se o painel de canais já não estiver ativo na área de trabalho, é possível encontrá-lo no menu "Janela > Canais". Uma vez aberto o painel, no canto superior direito há um menu com a opção "Dividir Canais" (Figura 2.8). Isso fará com que o *software* crie automaticamente quatro novos arquivos com o nome original acrescido de "_cor" (por exemplo: original_Magenta).

Figura 2.8 Divisão dos canais de cor no *software* Adobe Photoshop

Anansing/Shutterstock
Telas de produtos da Adobe reproduzidas com permissão da Adobe Systems Incorporated

Esses novos arquivos já estarão no modo de cor "Tons de cinza", pois o fotolito só pode ser impresso na cor preta para ser utilizado nos processos de fotogravura (Figura 2.9), mas ainda resta um passo para deixar a imagem pronta para o fotolito: a transformação de cada uma dessas imagens em retícula. Com a imagem monocromática, no menu "Imagem > Modo", é preciso escolher a opção "Bitmap..." e, em seguida, na caixa de diálogo, informar a resolução desejada para a imagem e selecionar o método "Tela de meio-tom...". Na tela seguinte, é indicada a lineatura da retícula no campo "Frequência", o "Formato", que geralmente é redondo, e o "Ângulo", que é variável de acordo com a cor, conforme demonstraremos a seguir. Com isso, a imagem está pronta para a impressão em filme, gerando o fotolito para gravação da matriz.

Figura 2.9 Arquivos resultantes da divisão de canais de cor

Anansing/Shutterstock
Telas de produtos da Adobe reproduzidas com permissão da Adobe Systems Incorporated

Um dos possíveis problemas na construção de imagens reticuladas é o **efeito *moiré***. Segundo Baer (2005), esse é um fenômeno que ocorre quando duas linhas de retícula com inclinação muito semelhante são colocadas próximas uma da outra. O resultado são linhas visuais marcadas, que interferem na qualidade da imagem, como você pode ver na Figura 2.10.

Figura 2.10 Exemplo de efeito *moiré*

Para evitar esse tipo de problema, convencionou-se que cada cor deve ter uma angulação de linha diferente em sua retícula, conforme o quadro a seguir. Isso faz com que as cores sejam combinadas no formato de "roseta", o que proporciona maior uniformidade na combinação de pontos e, consequentemente, uma imagem com melhor definição (Quadro 2.3).

Quadro 2.3 Angulação das retículas

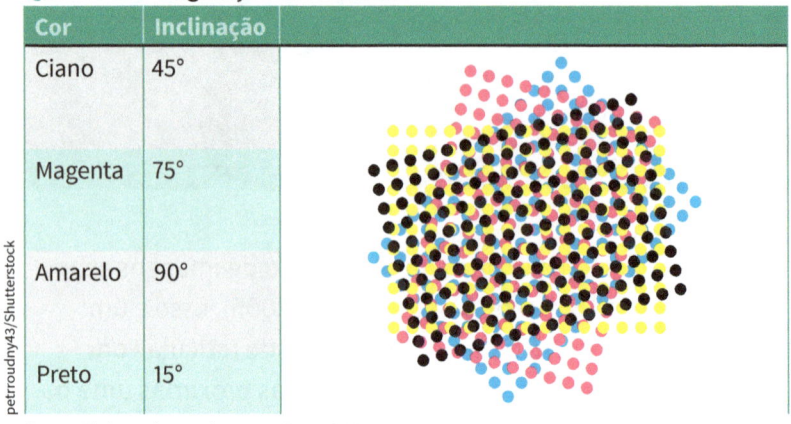

Cor	Inclinação
Ciano	45°
Magenta	75°
Amarelo	90°
Preto	15°

Fonte: Elaborado com base em Baer, 2005.

Feita a separação de cores, é preciso finalizar os arquivos com uma série de marcações padronizadas que vão garantir o melhor encaixe dessas cores, a possibilidade de avaliação dos tons e uma margem de segurança para o corte das bordas sem comprometer os acabamentos das cores e imagens que chegam até o limite da página. A seguir, descreveremos essas marcações e como inseri-las nos arquivos.

2.4
Fechamento de arquivo e prova de impressão

A finalização dos arquivos para impressão ocorre quando a arte-final já está pronta – ou seja, o material já foi revisado e, a princípio, não precisará de mais nenhuma alteração. Além disso, no caso dos processos de impressão convencionais, nesse momento a separação de cores já foi feita – e é chegada a hora da primeira marcação auxiliar do impresso.

Ao realizar a separação de cores de uma imagem, é preciso garantir que as quatro camadas sejam perfeitamente sobrepostas no momento da impressão, de modo que a imagem final não saia borrada ou deformada. Assim, cada matriz deve ser gravada com seu fotolito exatamente na mesma posição, para que, no ajuste de máquina, as impressões coincidam. Isso é praticamente impossível sem algum ponto de referência – por isso, à arte-final são acrescentadas as **marcas de registro**, que consistem em um círculo com uma cruz centralizada sobre ele e são posicionadas sempre nas extremidades da imagem, para depois serem eliminadas no refile. Alinhando os fotolitos pelas linhas verticais e horizontais da cruz da marca de registro, é possível garantir que estejam corretamente posicionados.

Além do registro, outras marcações que estão sempre presentes nos impressos são as **marcas de corte**. Em qualquer processo de impressão, é preciso descartar pelo menos 5 mm das margens da folha, pois elas são utilizadas como "pinça" para que a impressora puxe o papel (isso ficará mais claro no Capítulo 4). Quando o fundo do impresso é branco, a diferenciação entre o fundo da página e essa margem é impossível, o que pode comprometer o tamanho final do impresso. Por isso, é preciso indicar ao profissional do acabamento em que posição o corte deve ser feito. O uso de uma linha cheia, como se fosse uma borda, poderia prejudicar o aspecto visual da página. Assim, as marcas de corte consistem em apenas dois traços – um vertical e outro horizontal, posicionados em cada canto da página, que são também eliminados no momento do corte.

Muitas vezes, o impresso tem uma cor de fundo ou imagem "estourada", ou seja, que ocupa a totalidade da página, até seu limite. Mesmo indicando corretamente as marcas de corte, eventualmente o refilamento dessas margens pode ter alguns milímetros de desvio para dentro ou para fora do impresso. Quando esse desvio é para fora, pode ficar um filete branco na borda da página, o que prejudica o aspecto visual do impresso. Para contornar esse problema inevitável de precisão, utilizamos a **sangra**, um excesso de cor ou imagem de pelo menos 3 mm em cada lado da arte que funciona como uma margem de segurança – e que ela está ali para ser eliminado, apenas ajudando a preservar o aspecto visual do impresso se houver algum desvio de corte.

Finalmente, chegamos às **barras de controle**, também conhecidas como *escalas de densitômetro*. Baer (2005) explica que elas são muito úteis para avaliar as características das retículas e das cores utilizadas, pois consistem em tiras de quadrados que aparecem nas margens laterais dos impressos com as cores utilizadas, geralmente as primárias CMYK. Essas cores são impressas tanto chapadas como reticuladas, assim, é possível verificar as tonalidades e densidades da cor, a transparência das tintas, a perda ou o ganho de ponto e possíveis deformações nos pontos da retícula.

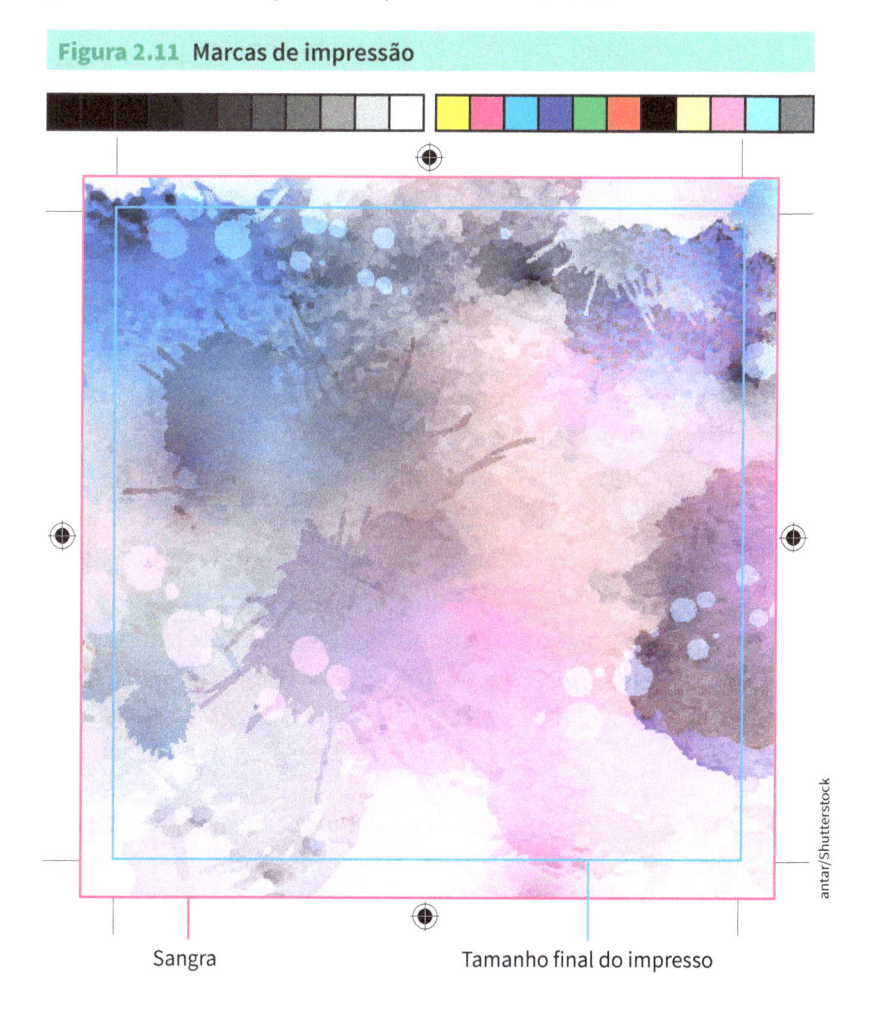

Figura 2.11 Marcas de impressão

Sangra   Tamanho final do impresso

Todas essas marcações (Figura 2.11) podem ser geradas nas opções de impressão do *software*. No caso da impressão digital, feita diretamente do arquivo no computador, não há o processo de separação de cores descrito anteriormente – assim, as marcas de registro não são necessárias. As marcas de corte, no entanto, continuam sendo indispensáveis para a indicação do refile, e as barras de controle também são um indicativo da calibragem da impressora.

Segundo Martins (2009), o ideal é sempre dar preferência ao envio de **arquivos fechados** (em formato .pdf, por exemplo, que não permite edições) e não **arquivos abertos** (na extensão do *software* utilizado, como .indd, .ai, .psd etc.). Quando isso não for possível, é preciso estar atento à versão do *software* utilizado pela gráfica, para não haver problemas de compatibilidade, e ao envio dos arquivos de fonte ou conversão das fontes em curvas, uma vez que o prestador de serviços pode não ter a fonte utilizada instalada em seus computadores.

O formato PDF é cada vez mais popular para qualquer forma de distribuição de arquivos, pois permite compactação, preserva as características originais do arquivo e é compatível com diversos *softwares* e sistemas operacionais. Entretanto, o formato tem várias opções de configuração, por isso é preciso optar sempre pelas que preservam a qualidade das imagens exportadas. A configuração mais apropriada é a PDF/X-1a, que apresenta os *bitmaps* com compactação do tipo ZIP (maior qualidade) e incorpora as fontes e os perfis de cores especiais.

Uma vez que os arquivos estão finalizados, a princípio, eles estão prontos para a impressão. Entretanto, qualquer falha nessas artes, mesmo que pequena, pode comprometer a qualidade de toda a tiragem de impressos e gerar um grande prejuízo tanto para a agência quanto para a gráfica e para o próprio cliente. Por esse motivo, existe o processo de *prepress* ou **pré-impressão**, que engloba a confecção e a avaliação de testes e a produção das matrizes que serão insumo para o processo de impressão.

Primeiramente, são feitas **provas de impressão**, que são amostras de variados tipos utilizadas para testar as imagens, os fotolitos, os acabamentos, entre outros. Vamos abordar os diferentes tipos de prova e as características que devem ser avaliadas em cada uma delas com mais profundidade no Capítulo 6, quando tratarmos de aspectos práticos e do controle de qualidade da produção gráfica.

Após a aprovação das provas de impressão, a arte já está liberada para a **confecção das matrizes**, a última etapa que ocorre no processo de pré-impressão. No próximo capítulo, você vai saber mais sobre os diferentes tipos de matrizes e como elas se aplicam aos diferentes processos de impressão utilizados na indústria gráfica.

Síntese

Neste capítulo, exploramos a influência das características técnicas da cor e da imagem na qualidade do produto impresso. Muitos desses cuidados devem ser tomados ainda na fase de planejamento gráfico e arte-finalização, cabendo à equipe criativa dominar conceitos relacionados aos fundamentos da imagem digital, à teoria da cor aplicada e aos procedimentos de fechamento de arquivo como forma de garantir a qualidade de impressão.

Uma vez concluída a arte-final, são feitas as provas, que são uma série de amostras para verificar a precisão da arte antes de iniciar a confecção das matrizes, tarefa que conclui o processo de pré-impressão. No capítulo a seguir, você vai observar o processo de impressão em si e conhecer as técnicas mais comuns para entender como as imagens, até então digitais, se materializam.

Questões para revisão

1) Explique o conceito de retícula e justifique seu uso no processo gráfico.

2) Cite e explique as etapas de um processo genérico de fotogravura de uma matriz de impressão.

3) (Enade 2015 | Tecnologia em Design Gráfico)

    A respeito da fase de pré-impressão para uma peça a ser produzida em um sistema *offset*, avalie as seguintes afirmações sobre a forma de preparação e envio de um arquivo digital.

    I) As imagens da peça gráfica a ser impressa devem ser convertidas para o padrão RGB.

    II) As informações da peça gráfica em arquivo fechado não podem ser modificadas.

    III) A área mínima de 3 mm de sangramento tem sido tecnicamente adotada para imagens que estão alinhadas com a margem de corte.

    IV) As imagens utilizadas na peça gráfica devem estar com 150 dpi de resolução para impressão.

    É correto apenas o que se afirma em

    a) I e II.
    b) II e III.

c) III e IV.
d) I, II e IV.
e) I, III e IV.

4) (Cesgranrio – Concurso Público Banco Nacional de Desenvolvimento Econômico e Social (BNDES) 2013 | Comunicação Social)

Uma empresa vai participar de uma feira internacional para divulgar seu trabalho e conquistar novos clientes. Para isso, o profissional de criação desenvolveu uma série de materiais gráficos.

Ao enviar os arquivos para a impressão, ele tomou alguns cuidados, tais como os de

a) converter as imagens para 200 dpi e ampliar a lineatura do arquivo.
b) enviar todas as fontes e converter as imagens para CMYK.
c) indicar as referências pantone e aumentar a gramatura do papel.
d) marcar todas as correções de texto e converter as imagens para RGB.
e) transformar todas as fontes em curvas e as imagens em 72 dpi.

5) (IBFC – Concurso público Empresa Brasileira de Serviços Hospitalares – EBSERH – RJ (HUGG-UNIRIO/RJ) 2017 | Jornalista)

Na produção gráfica, em relação às técnicas de composição e impressão, dá-se o nome de _____ ao contorno externo e paralelo ao formato do impresso, que constitui uma margem de compensação para contrabalancear eventuais excessos no refile.

Assinale a alternativa que completa corretamente a lacuna.
a) Margem de picote.
b) Margem de sangria.
c) Margem de dobra.
d) Margem de sobra.
e) Margem de registro.

3
Impressão

Conteúdos do capítulo:

- Tipos de matrizes de impressão.
- Processos de impressão convencionais.
- Processos de impressão digitais.

Após o estudo deste capítulo, você será capaz de:

1. distinguir os diferentes tipos de matrizes de impressão;
2. reconhecer as características técnicas dos processos de impressão convencionais e digitais.

Neste capítulo, abordaremos como funcionam os processos de impressão mais utilizados na indústria gráfica atualmente. Esses processos se classificam em dois tipos principais: os convencionais, que usam matrizes de impressão físicas, e os digitais, que usam matrizes virtuais. Os processos convencionais podem ainda ser divididos em diversos tipos, de acordo com as características de suas matrizes, o que interfere diretamente no resultado de impressão e nas aplicações recomendadas para cada processo.

3.1
Matrizes de impressão

Neste capítulo vamos falar sobre os processos de impressão mais utilizados na indústria gráfica, abordando suas principais características e possibilidades de aplicação. Cada um desses processos tem características próprias, e é importante que o profissional de publicidade saiba reconhecê-las para tomar as melhores decisões para seu projeto, tanto em termos financeiros quanto de qualidade final.

Entretanto, antes de falar sobre os processos de impressão em si, é importante destacarmos alguns conceitos básicos que são comuns a todos eles. Começaremos com a **matriz**. Toda forma de impressão envolve uma matriz ou *clichê*. A palavra *matriz* pode ser definida como algo que dá origem a outra coisa. No caso da impressão, a matriz é o que permite reproduzir a imagem de maneira repetitiva e em diversas superfícies.

Fernandes (2003) explica que as matrizes podem ser divididas em dois grandes grupos: digitais e físicas. As digitais são os arquivos virtuais, gerados em computador, que vão determinar a imagem a ser reproduzida pela impressora conectada a ele. As físicas, por sua vez, são objetos palpáveis, que podem ainda ser classificadas como relevográficas, planográficas, encavográficas e permeográficas. Cada uma delas tem características próprias e é aplicada em diferentes processos, como descreveremos a seguir.

As matrizes **relevográficas** são aquelas que apresentam a imagem em relevo mais alto em relação aos espaços negativos (sem impressão), como se fosse um carimbo. As **planográficas** apresentam tanto a imagem quanto o espaço negativo no mesmo plano, alterando-se apenas a receptividade de cada uma dessas áreas para a tinta. Esse é um conceito que ficará mais claro quando falarmos sobre o processo de impressão *offset*. As matrizes **encavográficas** são aquelas que apresentam a imagem em baixo-relevo em relação ao espaço vazio. Finalmente, as matrizes **permeográficas** são as que apresentam a imagem e o espaço negativo no mesmo plano, porém somente permitem a passagem da tinta na área da imagem.

Além disso, toda impressão é realizada sobre um **suporte**. Embora o material de uso mais comum na produção gráfica seja o papel, também é possível trabalhar com outros substratos, como filmes, polímeros, chapas metálicas e até mesmo tecidos. Assim, a palavra *suporte* refere-se a todos os materiais que podem receber aquele tipo de impressão, conforme detalharemos no Capítulo 4. Agora que você já tem esse conhecimento inicial, vamos nos aprofundar em cada um dos processos mais utilizados na indústria gráfica.

3.2
Processos de impressão convencionais

São chamados *processos de impressão convencionais* aqueles que foram desenvolvidos antes do advento das tecnologias digitais e contam com matrizes físicas de impressão. Mesmo com a evolução da impressão digital, esses processos continuam sendo amplamente utilizados, pois produzem resultados de qualidade elevada e, em muitos casos, ainda são mais viáveis. A seguir, abordaremos os principais processos de impressão utilizados na indústria gráfica, suas características e aplicações.

3.2.1
Impressão tipográfica

Conforme destacamos anteriormente, a tipografia foi o processo gráfico inventado por Gutemberg que deu origem à imprensa. Segundo Fernandes (2003), por muito tempo, a tipografia foi a única forma de impressão disponível e, até a primeira metade do século XX, era o processo predominante na indústria gráfica. Conceitualmente, a tipografia evoluiu muito pouco ao longo dos anos e, embora já existam máquinas planas e rotativas adaptadas ao processo, as tiragens são geralmente mais baixas em razão da velocidade reduzida de produção.

A tipografia utiliza matrizes relevográficas, ou seja, que apresentam a imagem a ser impressa em alto-relevo. Segundo

Baer (2005), o método original para confecção dessas matrizes era a fundição de uma liga metálica de chumbo, antimônio e estanho, bastante resistente e de rápida fusão e solidificação. Entretanto, hoje em dia predominam processos como a usinagem e, principalmente, a fotogravura.

A usinagem consiste na gravação da placa bruta por meio de desgaste, realizado por maquinário específico, gerando regiões de alto e baixo-relevo. A fotogravura, por sua vez, é feita em uma placa de zinco ou magnésio, que recebe uma camada de gelatina e é posteriormente sobreposta com o fotolito invertido (negativo) da imagem. Nas regiões expostas à luz, a gelatina se solidifica, enquanto nas regiões protegidas pela imagem em preto do fotolito ela permanece viscosa e é removida. A placa então passa por um banho ácido e é corroída nas áreas que não estão protegidas pela gelatina. Assim, as áreas protegidas ficam em alto-relevo e formam a imagem da matriz.

Essa matriz pode ser usada em impressoras de platina, que alimentam a tinta por meio de rolos entintadores e pressionam a matriz contra o papel, ou ainda em impressoras plano-cilíndricas, que puxam o papel de maneira rotativa e o pressionam sobre a matriz plana entintada (Fernandes, 2003).

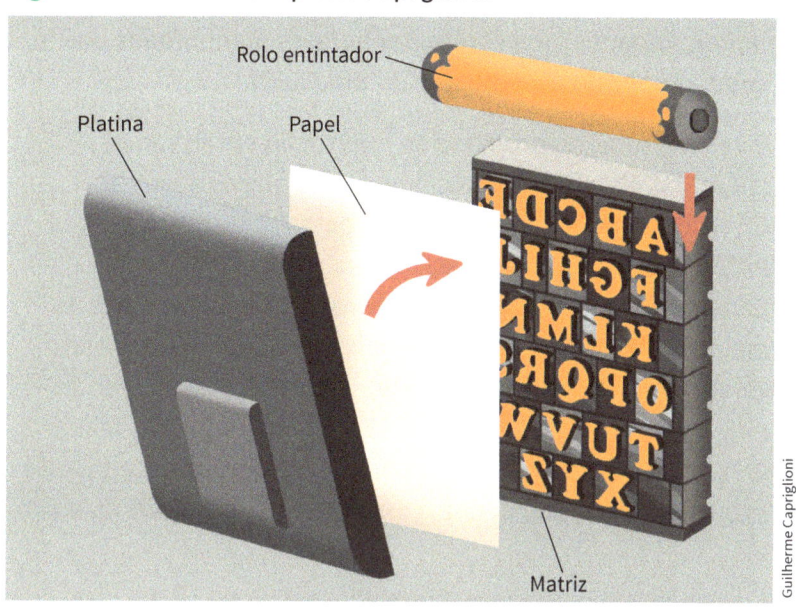

Figura 3.1 Processo de impressão tipográfica

O uso da tipografia para a impressão caiu em desuso, e hoje é encontrado apenas em cartões de visita de baixa qualidade, convites e blocos de nota fiscal. Sua aplicação mais relevante atualmente é na realização de acabamentos especiais, como os relevos e a aplicação de películas, assuntos que serão tratados no Capítulo 5.

3.2.2
Impressão *offset*

A impressão *offset* é um dos processos mais utilizados na indústria gráfica, em razão de sua versatilidade e qualidade na reprodução de imagens. Esse tipo de impressora pode ser encontrado em diversos tamanhos, em formato plano ou rotativo, e imprime em diversos suportes. As máquinas de impressão *offset* são capazes de produzir de 4 a 15 mil impressos por hora, quando alimentadas por folhas individuais, ou até 45 mil cópias por hora, se alimentadas por bobinas contínuas de papel (Collaro, 2012).

Antes de tratar do processo de impressão em si, vamos relembrar alguns conceitos de química que ajudarão a compreendê-lo. Como podemos constatar na prática, água e óleo não se misturam. De maneira muito simplificada, podemos dizer que isso ocorre porque as ligações entre as moléculas de água são muito mais fortes (ligações de hidrogênio), assim, a molécula de óleo não consegue ficar entre elas (Reis, 2010). Com base nessa relação, podemos definir dois adjetivos: **hidrófilo**, que caracteriza o que é receptivo à água, e **lipófilo**, que define o que é receptivo à gordura, ou ao óleo.

Essa compreensão é importante porque a impressão *offset* ocorre com uma matriz planográfica, ou seja, tanto a imagem quando seu espaço negativo estão no mesmo plano. Assim, essas regiões precisam se diferenciar de alguma maneira para que a tinta permaneça na área da imagem, e não no espaço em seu entorno. Por isso, a matriz apresenta características físico-químicas diferentes: a área com a gravação da imagem é lipófila e a área negativa é hidrófila. Assim, quando a matriz é umedecida, a água permanece na superfície sem o grafismo. A tinta, por sua vez, que é espessa e oleosa, não adere às áreas úmidas e se aloja na região do grafismo, que é lipófila. Isso faz com que a tinta fique no lugar certo, proporcionando bastante precisão na reprodução da imagem.

Fernandes (2003) ainda esclarece que o processo *offset* é indireto, ou seja, a matriz não entra em contato direto com o suporte. Existe um cilindro intermediário, revestido de uma borracha chamada de *blanqueta* ou *caucho*, que faz a coleta da tinta na matriz e a transfere para o suporte. O cilindro intermediário é necessário porque utiliza-se água para entintar a matriz, e a água não pode entrar em contato com o papel.

A matriz utilizada no processo *offset* pode ser gravada tanto por processo fotoquímico quanto por processo digital, chamado *CTP* (*computer-to-plate*). Baer (2005) explica que, no processo fotoquímico, a chapa metálica utilizada para a matriz recebe uma camada de emulsão fotossensível. Em seguida, o fotolito contendo a arte-final invertida (em negativo) é posicionado sobre ela e protege as áreas sem grafismo, enquanto as regiões da imagem (vazada) ficam expostas à luz e, nelas, a emulsão se solidifica. Depois disso, as chapas passam por um tratamento químico que faz com que as áreas impressoras (com a imagem) tornem-se lipófilas e as áreas não impressoras (espaço vazio) tornem-se hidrófilas.

No processo CTP, a chapa é gravada por meio de *laser*, controlado pelo computador de acordo com a arte-final em arquivo digital. Assim, não há necessidade de fazer um fotolito intermediário para gravação, aumentando a velocidade e a precisão da produção. Mesmo nesse processo, permanece o princípio das áreas lipófilas para a imagem e áreas hidrófilas para o espaço negativo.

Como a impressão *offset* é um processo bastante detalhado, vamos resumi-lo em etapas e em um desenho esquemático (Figura 3.2) para facilitar a compreensão:

1) A matriz é gravada pelo processo de fotolito ou CTP.
2) A matriz é umedecida pelos rolos de molhagem, alojando a água nas áreas negativas (hidrófilas).

3) A matriz passa pelos rolos entintadores, alojando a tinta nas áreas da imagem (lipófilas).
4) A blanqueta entra em contato com a matriz, coletando a tinta no formato da imagem.
5) A blanqueta entra em contato com o suporte, imprimindo a imagem.

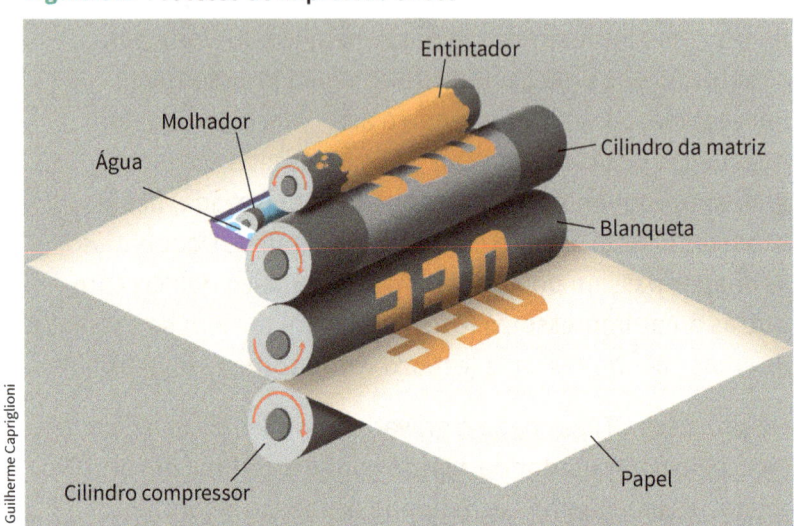

Figura 3.2 Processo de impressão *offset*

De acordo com Collaro (2012), o processo *offset* é o mais utilizado em projetos impressos, desde jornais, revistas e livros até embalagens plásticas e metálicas, pois proporciona agilidade e qualidade, além de possibilitar o trabalho com todo tipo de imagem. Entretanto, é preciso lembrar que cada imagem demanda uma matriz diferente – no caso de imagens fotográficas, quatro matrizes, uma para cada cor primária –, o que aumenta o custo fixo dessa forma de impressão, viável apenas para grandes tiragens.

3.2.3
Rotogravura

Outro processo de impressão bastante utilizado na indústria gráfica é a rotogravura. Ao contrário do que acontece na impressão *offset*, o processo de rotogravura é direto, ou seja, a matriz de impressão entra em contato diretamente com o substrato a ser impresso. Isso faz com que o processo seja bastante veloz – podendo atingir 500 metros de impressão por minuto (Collaro, 2012) –, o que demanda o uso de tintas líquidas e voláteis, para rápida absorção e secagem.

Fernandes (2003) descreve a matriz da rotogravura como um cilindro metálico cuja superfície é composta por uma malha de **alvéolos**. Isso é o que diferencia a rotogravura de outros processos abordados: os alvéolos são aberturas divididas por paredes laterais, e não áreas de baixo-relevo na matriz. Cada alvéolo aloja uma porção da tinta que é posteriormente passada para o suporte, portanto pode ter dimensão variável dependendo da quantidade de tinta necessária para formar a imagem.

A gravação da imagem no cilindro matriz pode ocorrer de diversas maneiras. Carramillo Neto (1997) explica que o método convencional, já em desuso, baseia-se na confecção de alvéolos de mesmo tamanho, mas com profundidade variável. O método autotípico é o oposto: o tamanho dos alvéolos é variável e a profundidade é sempre a mesma. Tanto o método convencional quanto o autotípico são gravados como o fotolito, o que exige preparação do cilindro. Entretanto, hoje em dia é cada vez mais comum encontrar cilindros de gravação eletrônica, um processo direto, assim como o CTP.

A impressão ocorre de maneira bastante simples, conforme descrito a seguir e apresentado de maneira esquemática na Figura 3.3:

1) Grava-se o cilindro com a imagem (matriz encavográfica).
2) O cilindro matriz é imerso na tinta, saindo completamente carregado.
3) A **racle**, uma espécie de rodo metálico, raspa a superfície do cilindro de modo a retirar o excesso de tinta da superfície, mantendo apenas a tinta dentro dos alvéolos.
4) O suporte (papel) passa entre o cilindro matriz e o cilindro de impressão, que o pressiona sobre a tinta, fazendo a impressão do grafismo (Fernandes, 2003).

Figura 3.3 Processo de impressão em rotogravura

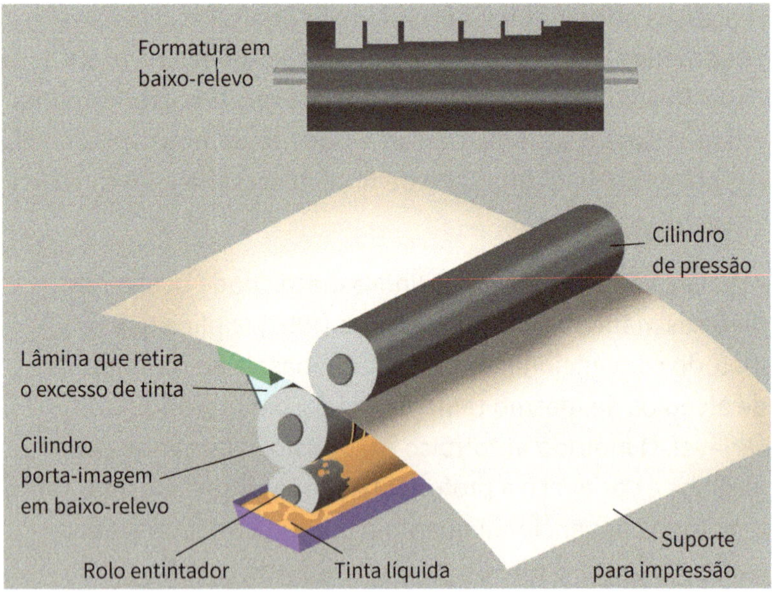

Fonte: Collaro, 2012, p. 180.

Fernandes (2003) ainda afirma que, por ser um processo de custo fixo alto – a confecção das matrizes é cara e o maquinário necessário é de grande porte –, a rotogravura deve ser utilizada apenas para impressos de tiragem alta, para que os custos produtivos possam ser diluídos na quantidade. Exemplo de produto rotográfico são as embalagens flexíveis de alimentos, que se beneficiam do processo porque a secagem rápida da tinta faz com que ele seja especialmente útil para materiais como celofane e alumínio (Carramillo Neto, 1997).

3.2.4
Flexografia

Assim como a rotogravura, a flexografia é um processo de impressão direta, porém ainda mais simples, pois funciona como os carimbos, só que em grande escala e de maneira rotativa. Tal simplicidade se reflete no baixo custo de produção, mas também na qualidade final do impresso, inferior em comparação aos demais processos, embora Collaro (2012) afirme que o aprimoramento da tecnologia atual esteja cada vez mais diminuindo as falhas de impressão.

Antigamente, as matrizes flexográficas eram gravadas em borracha, mas hoje há matrizes feitas em fotopolímero. A gravação do fotopolímero é semelhante à do fotolito – uma camada de polímero viscoso é coberta pela arte-final invertida na cor preta e exposta à luz. As áreas expostas à luz endurecem, enquanto as protegidas pela cor preta permanecem líquidas e são lavadas. Assim, como resultado, temos uma chapa polimérica flexível, com a imagem gravada em um alto-relevo acentuado.

Após a gravação dessa matriz, o processo de impressão ocorre de maneira bastante simples, como exemplificamos no passo a passo a seguir e na Figura 3.4:

1) Grava-se a matriz em relevo por processo fotossensível (matriz relevográfica).
2) A matriz é presa a um cilindro do equipamento de impressão, revestindo-o.
3) O cilindro com a matriz é pressionado contra um cilindro macio entintado, que funciona como a almofada umedecida com tinta;
4) O suporte (papel) passa entre o cilindro matriz, já entintado, e o cilindro de impressão, que o pressiona sobre a tinta, fazendo a impressão do grafismo (Fernandes, 2003).

Figura 3.4 Processo de impressão flexográfico

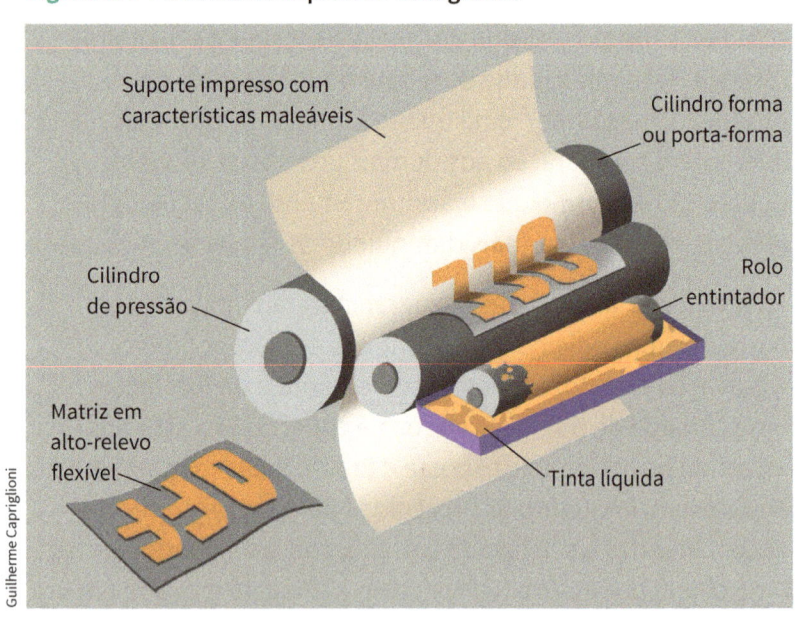

Fonte: Collaro, 2012, p. 181.

Ainda segundo Fernandes (2003), a flexografia é muito utilizada como alternativa de baixo custo à rotogravura, principalmente em embalagens e impressos flexíveis de baixo custo e vida útil limitada, como sacolas plásticas, sacos de pão, papéis de presente, entre outros.

3.2.5
Tampografia

A tampografia é um processo de impressão indireta relativamente recente e com um grau maior de complexidade, pois alia a confecção da matriz encavográfica da rotogravura à impressão de contato da flexografia. De forma resumida, sua principal vantagem é o uso do tampão flexível, que permite a impressão da imagem em superfícies curvas e rígidas, e não apenas nos suportes de impressão flexíveis tradicionais, como o papel e as películas.

Segundo Fernandes (2003), o processo de tampografia inicia-se com a confecção de uma matriz encavográfica (ou seja, de baixo-relevo), assim como a rotogravura. Entretanto, no caso da tampografia, a matriz é plana, e não cilíndrica. Outra semelhança entre os dois processos é que a tampografia também utiliza a **racle** para retirar o excesso de tinta da matriz.

Uma característica única da tampografia, como o próprio nome indica, é o uso do **tampão**, uma peça flexível de silicone, geralmente esférica ou similar, que vai coletar a tinta da matriz e aplicar a imagem adaptando-se ao formato da superfície. Com isso, temos uma impressão de contato, também semelhante ao carimbo, com a diferença de que não há relevo no tampão, pois o formato da imagem já foi definido na matriz.

Dessa forma, segundo Fernandes (2003), podemos descrever o processo nas seguintes etapas, contando com a Figura 3.5 para melhor compreensão da disposição e da interação dos elementos no processo de impressão:

1) Grava-se a matriz plana com a imagem (matriz encavográfica).
2) O bico espalhador aplica a tinta na matriz.
3) A racle retira o excesso de tinta da matriz, deixando apenas os orifícios gravados no formato da imagem.
4) O tampão é pressionado sobre a matriz, coletando a tinta já no formato da imagem a ser estampada.
5) A peça a ser impressa é posicionada no gabarito, garantindo o posicionamento correto.
6) O tampão, carregado com a tinta, é pressionado sobre a peça, adaptando-se ao seu formato e transferindo a imagem para ela.

Figura 3.5 Processo de impressão tampográfica

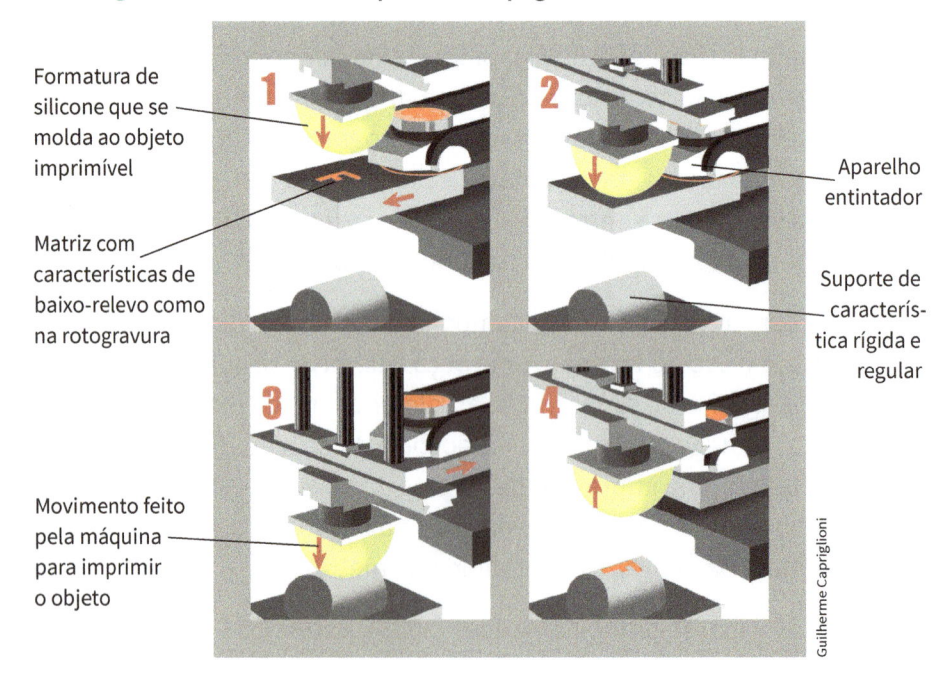

Formatura de silicone que se molda ao objeto imprimível

Matriz com características de baixo-relevo como na rotogravura

Movimento feito pela máquina para imprimir o objeto

Aparelho entintador

Suporte de característica rígida e regular

Guilherme Capriglioni

Fonte: Collaro, 2012, p. 183.

Collaro (2012) afirma que o processo da tampografia é bastante utilizado na indústria de brindes, justamente pela possibilidade de se moldar a diferentes tipos de objeto. Assim, podemos citar materiais cerâmicos, como tigelas, pratos e canecas, como exemplos de produtos impressos por tampografia. É importante notar que a técnica também poderia ser aplicada em suportes tradicionais, como papel e papelão, entretanto, sua alta complexidade faz com que outros processos sejam mais viáveis.

3.2.6
Serigrafia

A serigrafia, também conhecida como *silk-screen*, é um processo originalmente artesanal de gravura que ganhou proporções e aplicações industriais. Sua matriz é um pouco diferente daquela dos métodos que abordamos anteriormente, pois é permeográfica. Entretanto, o processo de gravação é bastante semelhante ao do fotolito *offset* tradicional.

Fernandes (2003) explica que as matrizes planas de serigrafia são bastidores de madeira ou metal que contêm uma tela de náilon tensionada em seu centro. Para gravar a imagem nessa tela, é preciso cobri-la com uma emulsão fotossensível, que vai endurecer e impermeabilizar a tela em contato com a luz. O fotolito, com a imagem na cor preta, é aplicado sobre a tela justamente para definir que áreas serão protegidas e que áreas ficarão expostas à luz. A emulsão que ficou embaixo da arte em preto permanece viscosa e pode ser lavada, fazendo com que aquela região da tela continue permeável. É por ela que a tinta vai passar.

Depois da gravação da tela, ela é fixada em um berço, sobre o suporte a ser impresso. Em seguida, é aplicada uma camada fina de tinta com o auxílio de um rodo de borracha. A tinta passará somente nas áreas da tela que ficaram permeáveis, no formato da arte, e o suporte será impresso.

Podemos resumir todo esse processo no passo a passo a seguir, acompanhado da Figura 3.6, que ilustra sua construção.

1) Grava-se a tela por um processo fotossensível (matriz permeográfica).
2) A tela já gravada é posicionada sobre o suporte.
3) Aplica-se uma fina camada de tinta sobre a tela com o auxílio de um rodo.
4) A tinta passa pelas partes da tela gravadas com a imagem e imprime o suporte.

Figura 3.6 Processo de impressão serigráfica

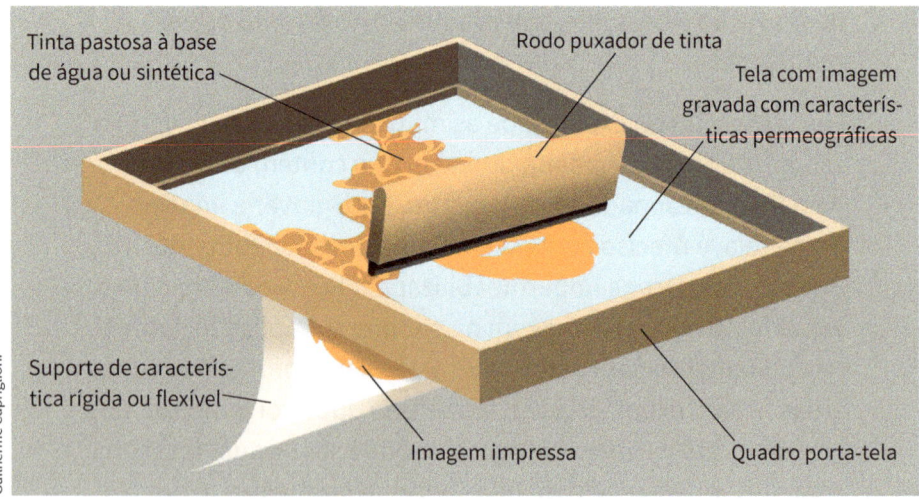

Fonte: Collaro, 2012, p. 182.

Collaro (2012) ressalta que a serigrafia é um processo versátil, pois permite a impressão tanto em suportes rígidos quanto flexíveis. Assim, é muito utilizada para tecidos, plásticos e até mesmo vidro e acrílico, configurando uma alternativa para a confecção de brindes, camisetas, placas e embalagens. Entretanto, mesmo em máquinas automatizadas, a serigrafia ainda é um processo lento em comparação com os demais, o que pode inviabilizar alguns prazos de produção.

3.3
Processos de impressão digitais

Até agora vimos processos de impressão chamados de *convencionais*, que são os que utilizam matrizes físicas para transferir as imagens. Entretanto, é cada vez maior o uso de meios de impressão digital, em razão da conveniência e da qualidade que oferecem, em alta e baixa tiragem. Fernandes (2003) define a impressão digital como processos que trabalham com matrizes digitais, ou seja, que não são físicas. Em um computador, o comando de impressão gera um arquivo temporário com todas as informações sobre a imagem e as configurações de impressão selecionadas – esse arquivo é a matriz digital. E é justamente essa a grande vantagem desse tipo de processo: ele elimina a necessidade de gravar uma matriz física com a imagem, pois é capaz de passar a imagem diretamente do computador para o suporte desejado.

Existem diferentes processos que se enquadram na categoria de impressão digital, dependendo do equipamento utilizado. Aqui, trataremos dos mais comuns: a impressão por jato de tinta, também chamada de *inkjet*; a eletrostática, também conhecida como a *laser*; e a de termotransferência sublimática. Existe ainda o processo digital de gravação a *laser*, que não é uma impressão no sentido convencional, mas transfere uma imagem para o suporte. A partir de agora vamos descrever cada um desses processos.

3.3.1
Jato de tinta

Talvez a impressão digital por jato de tinta seja a mais conhecida, pois as primeiras impressoras domésticas funcionavam nesse formato. Elas eram abastecidas com cartuchos nas cores primárias, que eram combinadas para gerar, linha a linha, as imagens criadas nos computadores pessoais. Em termos industriais, o processo é o mesmo – entretanto, os pequenos cartuchos são substituídos por grandes reservatórios, a velocidade de impressão é bastante superior, e os papéis não se limitam ao formato A4. Podem inclusive ser usados outros tipos de suporte, como tecidos e até mesmo polímeros. Além disso, a qualidade da imagem na impressão digital profissional é muito maior que na doméstica.

Os jatos de tinta são muito pequenos, permitindo grande precisão na reprodução das imagens. Segundo Fernandes (2003), o cabeçote de impressão é o responsável por soltar os jatos nas cores primárias, que ficam com o aspecto de respingos irregulares, porém são precisamente controlados pela máquina para atingir o formato e a intensidade de cor desejados.

Assim, o processo de impressão por jato de tinta pode ser resumido da seguinte forma, conforme complementado pela Figura 3.7:

1) A imagem é gerada digitalmente no *software* e enviada para a impressora (matriz digital).
2) A impressora lê o arquivo de impressão.
3) A impressora combina jatos de tinta nas cores primárias para compor a imagem diretamente no suporte.

Figura 3.7 Processo de impressão jato de tinta

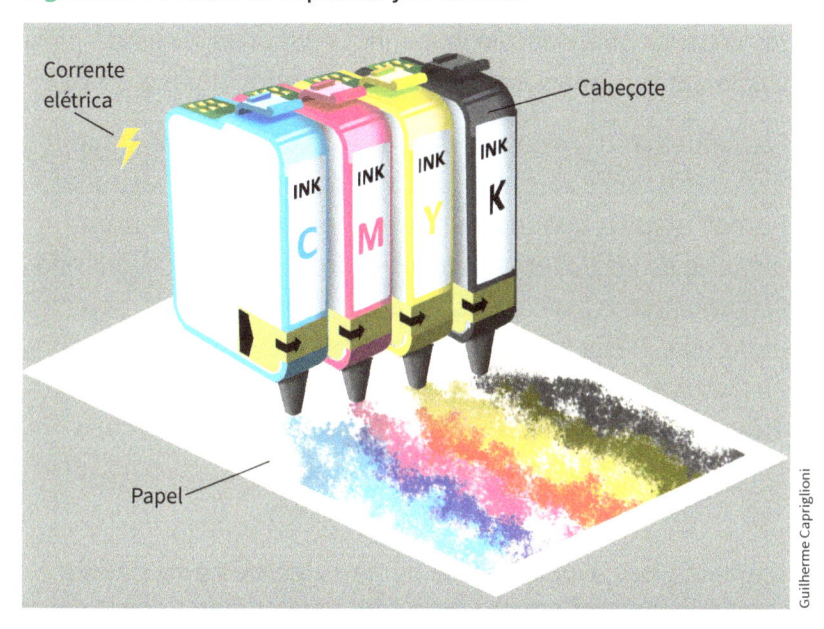

Segundo Baer (2005), as tintas usadas na impressão por jato de tinta costumam ser menos resistentes à luz em comparação às usadas em outros processos. Além disso, a velocidade de impressão chega a ser 10 vezes inferior à da impressora eletrostática. Entretanto, é um processo bastante acessível, principalmente quando o objetivo é imprimir pequenas quantidades, e mais versátil, por poder ser aplicado também em tecidos e polímeros. Assim, a impressão por jato de tinta é uma alternativa para *banners*, panos de fundo e produtos promocionais personalizados.

3.3.2
Eletrostática

A impressão eletrostática é um processo antigo, utilizado já pelas primeiras máquinas de fotocópias, mas que foi aprimorado para trabalhar com as matrizes digitais. As impressoras a *laser* são mais velozes que as de jato de tinta e apresentam um resultado de qualidade em tamanhos e suportes diversos – principalmente em papel, mas também em outros filmes gráficos.

Fernandes (2003) explica esse processo de impressão, que é bastante detalhado, embora ocorra em frações de segundos. Primeiramente, quando o arquivo chega até a impressora, um feixe de luz (***laser***) atinge o cilindro magnetizado, criando cargas elétricas específicas, de acordo com as áreas a serem impressas. Nesse momento, vale lembrar os conceitos da eletrofísica, que explicam que cargas elétricas opostas se atraem. Assim, quando o **toner**, que é um corante plástico com carga oposta à do cilindro, é despejado, essas partículas são atraídas para ele, formando a imagem.

Enquanto isso, o papel passa por um **eletrodo polarizador** que também acrescenta uma carga elétrica a sua superfície, de mesma polaridade do cilindro, porém mais forte. Assim, quando o papel e o cilindro entram em contato, as partículas do *toner* são transferidas para ele, em razão do maior poder de atração em sua carga eletrostática. Finalmente, o papel passa pela unidade de **fusão**, que o aquece para fazer a polimerização do *toner*, resultando na fixação da imagem. É por isso que os papéis saem quentes da impressora.

O processo parece bastante diferente dos que vimos até agora, pois conta com um cilindro matriz cuja gravação não é permanente, como ocorre nas gravuras. Além disso, a transferência para o suporte não é física, por meio de pressão, mas eletrostática. Assim como com os outros processos, segue um resumo do passo a passo e a Figura 3.8 a seguir para facilitar a compreensão:

1) O feixe de *laser* carrega o cilindro com uma carga eletrostática, de acordo com o arquivo digital da imagem (matriz digital).
2) O *toner* é despejado, com uma carga eletrostática oposta, aderindo ao cilindro, já no formato da imagem.
3) O papel é polarizado com carga igual à do cilindro, porém mais forte.
4) Em contato com o cilindro, o papel atrai para si as partículas do *toner*.
5) O papel é aquecido para fixação (polimerização) do pigmento.

Figura 3.8 Processo de impressão digital eletrostática

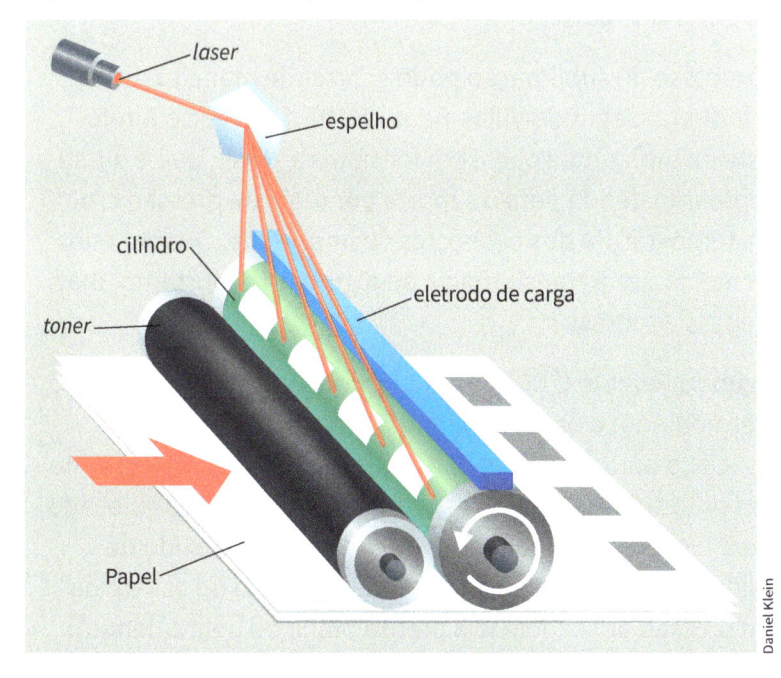

Segundo Fernandes (2003), o maquinário para a impressão a *laser* é mais caro que o utilizado na impressão por jato de tinta – mesmo assim, muitas empresas já contam com esse serviço, inclusive pequenas copiadoras, o que torna esse tipo de impressão bastante acessível para a confecção de amostras e pequenas quantidades, assim como a impressão por jato de tinta.

3.3.3
Termotransferência sublimática

Na física, a sublimação é a passagem de uma matéria do estado sólido para o gasoso, sem passar pelo estado líquido. No processo de impressão por sublimação, também chamado de *dye sublimation* ou *transfer sublimático*, é isso que acontece com a tinta: ela passa do estado sólido para o gasoso, por meio do aumento de temperatura e pressão, e fixa-se no suporte.

O processo de sublimação pode ocorrer de maneira direta ou indireta. Segundo Villas-Boas (2010), o processo direto parte de uma tinta sólida, em formato de filme, que é diretamente transferida para o suporte por meio de pressão e/ou alta temperatura dos cabeçotes de impressão. Quanto mais quente, maior a transferência de pigmento e, portanto, mais intensas as cores.

Segundo Pezzolo (2007), na sublimação indireta há um meio intermediário: o papel sublimático. Trata-se de um papel específico para essa finalidade, que é impresso digitalmente com tinta sublimática. Após a impressão, o papel é colocado sobre o suporte – geralmente um polímero ou tecido de poliéster – e a imagem é transferida por meio do calor e da alta pressão aplicados pela prensa plana ou pela calandra.

A diferença entre a sublimação plana e a rotativa, feita na calandra, é a extensão do impresso. A plana limita a impressão ao tamanho da prensa, assim, são impressas folhas de papel sublimático em tamanhos específicos. Na rotativa, o papel pode ser impresso continuamente, por vários metros. A calandra nada mais é do que uma máquina que tem cilindros aquecidos que pressionam o papel e o suporte um contra o outro. Assim, são impressas metragens contínuas de material, o que é vantajoso para painéis utilizados para decoração e sinalização. Você pode comparar o passo a passo e a figura esquemática de cada um dos processos para compreender melhor essa diferença.

Sublimação plana (Figura 3.9):

1) A impressão da imagem é feita com papel e tinta sublimáticos, em uma dimensão específica (matriz digital).
2) O suporte é colocado na prensa, com a folha impressa sobre ele.
3) A prensa transfere a imagem com elevada temperatura e pressão.

Figura 3.9 Processo de termotransferência sublimática plana

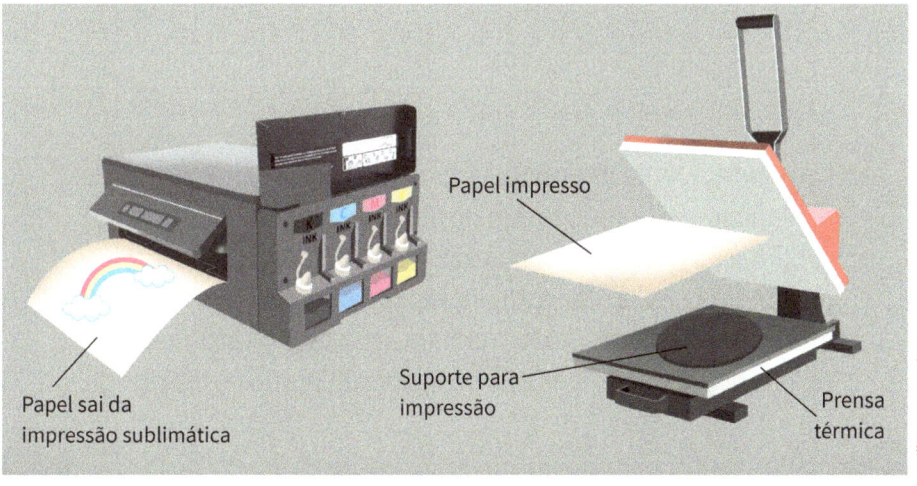

Sublimação rotativa (Figura 3.10):

1) A impressão da imagem é feita com papel e tinta sublimáticos, gerando um rolo de papel impresso de vários metros.
2) O rolo de papel e o suporte, também em longa-metragem, são colocados na calandra.
3) A calandra puxa os dois materiais ao mesmo tempo, e seus cilindros quentes pressionam um sobre o outro, transferindo a imagem.

Figura 3.10 Processo de termotransferência sublimática rotativa

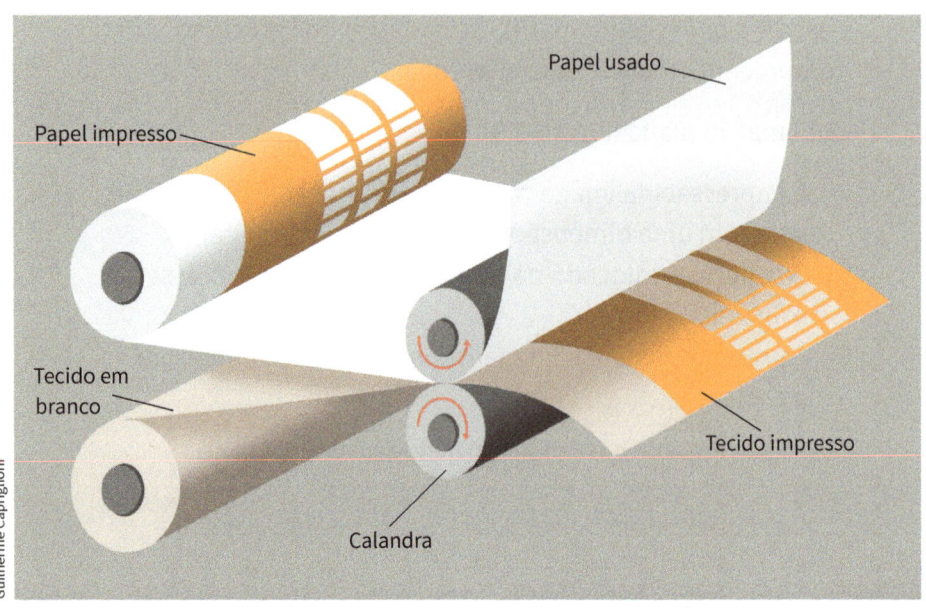

Fernandes (2003) afirma que o processo de sublimação direta é relativamente caro, porém de alta qualidade. O processo de sublimação indireta, por sua vez, está cada vez mais acessível, justamente por contar com um equipamento mais simples e insumos mais baratos. Hoje em dia, muitos produtos estão adaptados para receber a impressão sublimática – tecidos de fibra de poliéster, bases de chinelo e cerâmicas com vidrado específico para essa finalidade. É o processo ideal para a confecção de brindes diversos, inclusive personalizados, uma vez que pode ser aplicado em pequenas quantidades.

3.3.4
Gravação a *laser*

Vimos anteriormente que o *laser* vem sendo cada vez mais utilizado para gravar as matrizes de impressão no processo CTP. Entretanto, essa tecnologia não está limitada à aplicação somente como intermediária – ela também pode ser aplicada diretamente no suporte final. A gravação a *laser* não pode ser considerada um processo de impressão em si, mas é um recurso digital importante e cada vez mais acessível para a decoração de superfícies rígidas como metal, cerâmica, vidro, acrílico e madeira, ou mesmo corte personalizado e de precisão em tecidos e polímeros.

Segundo Han e Gubencu (2008), as principais vantagens do *laser* são a precisão, a velocidade, a possibilidade de trabalhar em superfícies irregulares e a produção de marcas permanentes. Os autores ainda explicam que a gravação pode ocorrer por quatro processos diferentes: a **vaporização**, que remove uma camada do material por pulverização, gerando um baixo-relevo; a **remoção fina**, que também usa a vaporização controlada para gerar um baixo-relevo e, ao mesmo tempo, modificar a cor da camada inferior; a **carbonização** ou **coloração**, que gera uma reação térmica ou química que altera a cor da superfície sem desgastá-la ou gerar relevo; e a **fusão**, que cria um baixo-relevo suave por meio da queima, do derretimento ou da destruição do material-base (Figura 3.11).

Figura 3.11 Tipos de gravação a *laser*

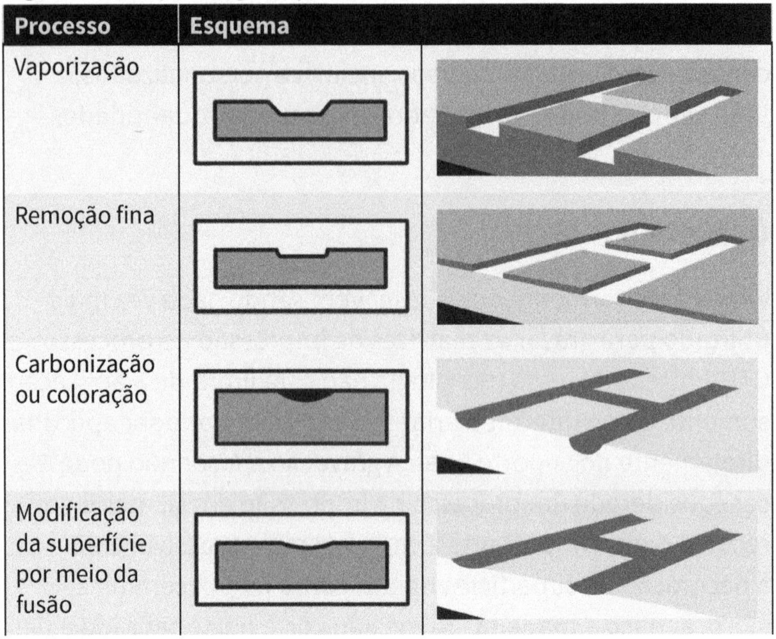

Processo	Esquema	
Vaporização		
Remoção fina		
Carbonização ou coloração		
Modificação da superfície por meio da fusão		

Fonte: Han; Gubencu, 2008, p. 18, tradução nossa.

Os feixes de *laser* são geralmente pulsados e variam em intensidade e comprimento de acordo com o material utilizado e com a profundidade da gravação, podendo até mesmo atingir profundidade total de corte. O cabeçote da máquina é guiado por uma matriz digital – um arquivo com a imagem formada apenas por desenhos lineares dos contornos a serem feitos. O custo de produção varia de acordo com o tamanho e o detalhamento dessa arte, pois leva em consideração as horas de uso da máquina.

É importante notar que nem todo material pode receber tratamento superficial a *laser*. Suportes altamente inflamáveis, como o papel, correm o risco de entrar em combustão em contato com o raio. Tecidos de fibras naturais, como o algodão, podem ser submetidos ao processo, mas seu acabamento é prejudicado, pois a borda fica amarelada e queimada – um efeito que pode ser percebido como positivo na madeira, por exemplo. Assim, os materiais ideais para o processo são os metais, que se desgastam com precisão, e os polímeros e tecidos sintéticos, que "derretem" e geram um bom acabamento de borda. Portanto, o processo é ideal para a confecção de brindes de metal e madeira, como *pen drives* e chaveiros, e placas de sinalização em acrílico.

3.4
Procedimentos para impressão

No capítulo anterior, você viu que o processo de pré-impressão inclui a confecção das provas e matrizes para verificar se a arte está correta e pronta para rodar. Mesmo tomando esses cuidados, na fase de impressão, é necessário realizar o ajuste de máquina antes de iniciar qualquer processo de impressão em larga escala. Os profissionais gráficos são os responsáveis por esse tipo de ajuste, que envolve a regulagem da alimentação de tinta, o encaixe das matrizes e a velocidade de produção. Por isso, consideramos que os primeiros impressos gerados são refugos, usados apenas para ajustar a máquina.

Uma vez ajustada, a impressora pode rodar a tiragem completa de impressos, mas sempre deve ser monitorada por algum profissional, pois qualquer desregulagem acidental pode comprometer a qualidade dos impressos seguintes.

Nesses casos, é preciso interromper imediatamente o processo de impressão e realizar novos ajustes de máquina, o que pode atrasar a execução do trabalho, mas, pelo menos, garante resultados dentro do padrão de qualidade, assunto de que trataremos com mais detalhes no Capítulo 6.

Não é comum que a equipe de criação permaneça nas gráficas acompanhando a produção, pois trata-se de um processo que pode demorar dias e atrapalhar o fluxo de tarefas do fornecedor. Por isso, em grandes gráficas, esse acompanhamento externo sequer é permitido. Isso não quer dizer, no entanto, que a agência deve simplesmente enviar os arquivos e aguardar pelos impressos prontos – é preciso verificar e aprovar as diversas amostras ao longo do processo, conforme detalharemos também mais adiante.

Perguntas & respostas

O acompanhamento gráfico está incluso na prestação de serviços da agência ou pode ser considerado um serviço adicional?

O custo do acompanhamento gráfico deve ser sempre considerado pela agência de propaganda ou *design* – a diferença é que algumas deixam esse custo explícito para o cliente, enquanto outras preferem embuti-lo no orçamento total.

É bastante comum que as agências cobrem à parte uma porcentagem de até 20% do custo de impressão como taxa de acompanhamento, justamente para enfatizar a importância desse tipo de serviço. Nesses casos, o cliente até pode declinar o acompanhamento buscando maior economia, mas isso pode comprometer todo o projeto.

Por isso, uma vantagem de embutir o custo de acompanhamento de produção no orçamento fechado é garantir que ele será realizado, sem questionamentos. Entretanto, o cliente pode considerar o valor total elevado, por não entender que esse serviço também está incluído na proposta.

Na dúvida, sugerimos optar pela transparência, até mesmo para orientar o cliente a respeito da importância dessa etapa no projeto e da responsabilidade que os profissionais da agência assumem ao visar a entrega dos melhores resultados.

Síntese

Ao escolher o processo de impressão para um projeto, é preciso considerar as vantagens e as desvantagens que ele pode trazer para o produto gráfico em questão, tanto em termos de qualidade quanto em termos de prazo e custo. O Quadro 3.1 a seguir resume os principais processos apresentados neste capítulo e suas aplicações mais comuns, de acordo com as características visuais do resultado impresso. A Figura 3.12 complementa a explicação apresentando as diferenças de acabamento.

Quadro 3.1 Comparativo entre processos de impressão

Processo	Matriz	Características visuais	Aplicações
Tipografia	Relevográfica	"*Squash*" – acúmulo de tinta nas bordas, relevo suave no verso	Blocos de nota fiscal, relevos, aplicação de películas
Offset	Planográfica	Cores transparentes e uniformes	Jornais, revistas, livros, embalagens plásticas e metálicas
Rotogravura	Encavográfica	Serrilhado na borda, decorrente dos alvéolos	Embalagens flexíveis de alimentos
Flexografia	Relevográfica	"*Squash*" – acúmulo de tinta nas bordas	Sacolas plásticas, sacos de pão, papéis de presente
Tampografia	Encavográfica	Aplicação em objetos tridimensionais	Brindes e objetos curvos (tigelas, canecas)
Serigrafia	Permeográfica	Camada de tinta mais espessa	Camisetas, placas, embalagens, brindes planos
Digital jato de tinta	Digital	Micropontos de cor compondo a imagem	*Banners*, panos de fundo, brindes personalizados
Digital eletrostático	Digital	Cores mais uniformes, brilho aparente mesmo em papel fosco	Impressos de alta ou baixa tiragem, amostras de impressão, impressos personalizados
Digital sublimático	Digital	Cores intensas, sem toque	Tecidos de poliéster para decoração e revestimento, brindes em polímero (chinelos, canecas)
Gravação a *laser*	Digital	Alteração na textura e coloração do próprio material decorrente de queima	Brindes em metal e madeira (*pen drive*, chaveiro), placas de sinalização em acrílico

Figura 3.12 Diferenças de acabamento dos processos de impressão

Offset serigrafia

Rotogravura

Tipografia flexografia

Impressos tradicionais, feitos em papel, são quase sempre produzidos em *offset*, pois o processo permite boa qualidade de texto e imagem e alta velocidade de impressão. Entretanto, assim como a rotogravura, o processo requer a confecção de matrizes mais complexas, o que faz com que seja viável apenas para grandes tiragens. Nesse sentido, a impressão digital apresenta um custo unitário, a princípio, mais elevado, mas se eliminarmos o custo fixo do fotolito e da matriz, trata-se de uma boa alternativa para pequenas tiragens ou impressos personalizados.

Quando os impressos contêm apenas textos ou imagens bastante simplificadas – como ícones ou logos –, as possibilidades de impressão são mais diversas, incluindo a tipografia e a flexografia. Entretanto, se contiverem fotografias ou imagens complexas, esses processos citados são automaticamente descartados, pois não são capazes de proporcionar a definição necessária.

Alguns processos também não se adaptam a suportes diferentes do papel e das lâminas flexíveis de plástico e metal. Assim, quando se trata de brindes, placas e outros tipos de objetos rígidos, somente processos de impressão por tampografia, serigrafia, digital por jato de tinta ou termotransferência podem ser considerados viáveis – mas ainda vão depender do maquinário disponível. No caso de superfícies irregulares, a tampografia e a termotransferência sublimática (em prensa adaptada) acabam sendo as alternativas mais comuns.

No capítulo a seguir, vamos detalhar as opções de suportes de impressão e descrever como os processos vistos aqui podem ser aplicados a eles. Também vamos falar sobre as tintas gráficas, outro componente importante do planejamento gráfico que deve ser considerado em conjunto com o processo de impressão e o suporte escolhido.

Questões para revisão

1) Cite os tipos de matrizes usados nos processos de impressão e explique suas principais características.
2) Cite e explique os principais processos de impressão digitais.
3) (Vunesp – Concurso Público Prefeitura de Presidente Prudente / SP 2016 | Assistente de Criação e Redação)

   Há um tipo de impressão muito utilizado para produzir embalagens porque tem custo baixo para grandes tiragens e se adapta a suportes irregulares, tridimensionais e flexíveis como celofane, folhas metálicas, plásticos e vidros. Esse processo chama-se
   a) rotogravura.
   b) serigrafia.
   c) linografia.
   d) planografia.
   e) flexografia.
4) (Vunesp – Concurso Público Agência de Fomento do Estado de São Paulo S.A – SP (Desenvolve/SP) 2014 | Analista)

   Entre as várias técnicas de obter uma matriz offset, há uma em que a chapa é gerada diretamente de um arquivo digital, sem a necessidade de produção de fotolito. Esse sistema é chamado de
   a) Computer-to-Press.
   b) Ultravioleta.
   c) Computer-to-Plate.

d) Wipe-on.
e) Computer-to-film.

5) (Funiversa – Concurso Público Instituto Federal de Educação, Ciência e Tecnologia do Amapá – AP (IFAP/AP) 2016 | Jornalista)

O processo de impressão que é baseado na repulsão natural entre a água e substâncias gordurosas (no caso a tinta), cuja imagem é gravada numa chapa em um sistema semelhante ao da tela serigráfica, é denominado:

a) digital.
b) litogravura.
c) rotogravura.
d) tipografia.
e) *offset*.

4

Materiais: suportes e tintas

Conteúdos do capítulo:
- Tipos de papel.
- Outros tipos de suportes de impressão.
- Tintas gráficas.

Após o estudo deste capítulo, você será capaz de:

1. distinguir os principais tipos de papel utilizados em impressos;
2. calcular o consumo de papel para projetos gráficos;
3. identificar suportes de impressão diferentes do papel;
4. reconhecer as características técnicas das tintas gráficas.

No capítulo anterior, falamos brevemente sobre os suportes de impressão. Segundo Ambrose e Harris (2009), o suporte é qualquer material que recebe a impressão de uma imagem. A escolha do suporte para um projeto gráfico está diretamente relacionada aos objetivos do trabalho: o suporte usado para um livro de arte, por exemplo, não é o mesmo usado para um jornal diário, pois o primeiro prioriza a qualidade da imagem, e no segundo a principal preocupação é o baixo custo.

O papel ainda é o suporte mais comum para a produção gráfica, por isso nos aprofundaremos no estudo de suas características. Entretanto, outros materiais, como polímeros, cerâmica e tecido são cada vez mais comuns na criação de produtos promocionais. Diante de uma oferta tão variada de substratos para impressão, as possibilidades criativas foram ampliadas e esses materiais de suporte podem fortalecer a identidade e a individualidade de um projeto.

Neste capítulo, trataremos também das tintas, insumo essencial na produção gráfica. Cada processo e cada suporte tem especificidades técnicas que devem ser atendidas pelas características da tinta. Assim, abordaremos os tipos de tinta mais comuns, cientes de que a cada ano surgem novidades no mercado que aprimoram a qualidade dos impressos e aumentam as possibilidades de criação.

4.1
Papéis

Os papéis são o suporte de impressão mais comum na indústria gráfica, em razão de sua praticidade e flexibilidade. Collaro (2012) define *papel* como um composto de fibras vegetais processadas e tratadas quimicamente de modo a formar uma folha fina e homogênea. O que hoje é reconhecido como um material tão comum, na verdade é um produto de alta tecnologia, que foi (e continua sendo) aprimorado ao longo da história.

Segundo Baer (2005), o primeiro registro que temos da invenção do papel data do ano 105 d.C., na China. Lá, o conselheiro da corte Tsai Lun realizou experimentações misturando fibras de amoreira, trapos de roupa e resíduos de rede de pesca. Foi apenas em 751 d.C. que os árabes descobriram tal processo, que foi aprimorado antes de ser levado para a Europa, no século XII.

Fernandes (2003) complementa destacando que a facilidade de produção do papel, em comparação à trabalhosa obtenção do pergaminho, facilitou a disseminação do conhecimento no ocidente. A produção e a reprodução de gravuras e textos foi muito facilitada pelo uso desse suporte.

Foi apenas em 1804 que os irmãos ingleses Fourdrinier, tomando como base uma patente dos franceses Robert e Didot, desenvolveram a primeira máquina contínua industrial. Aos poucos, as demandas de mercado fizeram as fibras têxteis serem substituídas pela pasta de madeira como matéria-prima e, no final do século XIX, o americano Tilghman aperfeiçoou o cozimento ácido da madeira que deu origem ao processo utilizado hoje em dia (Baer, 2005), que vamos conhecer a seguir.

4.1.1
Processo de fabricação

A matéria-prima do papel é a celulose, derivada de árvores como pinus e eucalipto. Segundo Fernandes (2003), o primeiro passo da fabricação do material é justamente a extração da celulose da madeira. Para isso, a árvore é cortada em toras, que passam por um descascador. A remoção da casca já elimina boa parte da lignina, um tipo de resina natural que pode amarelar e enrijecer o papel se não for extraída.

Depois disso, as toras descascadas são transformadas em uma pasta. Villas-Boas (2010) explica que o processo pode ocorrer por três métodos diferentes, gerando três tipos de pasta que vão determinar as características dos papéis produzidos.

1) **Pasta mecânica**: Obtida pela separação mecânica dos componentes, processo de custo mais baixo, resultando em papéis de opacidade e espessura mais elevadas, com grande capacidade de absorção. Entretanto, esses papéis também apresentam menor brilho, resistência e estabilidade ao longo do tempo. Por isso, o processo é mais comum na fabricação de papéis de ciclo de vida curto, como jornais e papéis de presente.
2) **Pasta semiquímica**: Obtida por processos que envolvem tanto a separação mecânica quanto tratamentos químicos, resultando em fibras rígidas. Na maioria das vezes, é utilizada para a confecção de papelão para caixas e tubos.
3) **Pasta química**: Obtida pela extração dos componentes adicionais da madeira por meio de agentes químicos potentes, resultando em papéis de alta qualidade, que também passam por branqueamento. Por ser um processo mais complexo e contar com perda de material, é mais custoso que os demais. A maior parte dos papéis utilizados no *design* e na publicidade são feitos de pasta química.

A pasta obtida por um desses processos segue para a preparação da massa, que é composta da **pasta de celulose** acrescida de **cargas minerais** e **substâncias de colagem**, além de uma grande quantidade de água. Segundo Fernandes (2003), as cargas minerais são compostos derivados de cálcio, gesso, caulim e carbonato de magnésio, entre outros, utilizados para melhorar algumas características do papel, como detalharemos no tópico a seguir. As substâncias de colagem – como caseína, amido, fécula etc. –, por sua vez, impedem o desfibramento do papel e também influenciam em suas características superficiais.

Essa massa é despejada e uniformizada na **mesa plana**, uma grande tela na qual o excesso de água da mistura é retirado com o auxílio de um rolo em movimento constante, o **rolo bailarino**. Depois disso, o papel vai para a prensagem e, em seguida, para a secagem, com rolos aquecidos.

Para os papéis mais rústicos, o processo se encerra por aí, mas, dependendo do tipo de papel, ele ainda pode passar por acabamentos superficiais específicos. Um deles é o *coating*, que é a aplicação de revestimentos. Outro é a **calandragem**, que é a prensagem por rolos quentes que dá o aspecto acetinado a papéis lisos ou acrescenta texturas artificiais. Esse processo também deixa o papel com uma espessura mais fina, em razão da prensagem.

Portanto, além das características determinadas pelo tipo de pasta utilizado no processo de fabricação, existem outros beneficiamentos que influenciam nos aspectos estruturais e superficiais dos papéis, tornando-os mais ou menos apropriados para cada projeto em termos estéticos e funcionais. A seguir, você vai conhecer melhor essas características.

4.1.2
Características do papel

A seleção do papel influencia diretamente na qualidade de um produto gráfico, pois fatores como acabamento superficial, estrutura física e gramatura produzem efeitos diferentes no produto final. A compreensão dessas características leva a uma decisão mais acertada para cada tipo de projeto, tanto em termos funcionais quanto em termos financeiros.

Para Villas-Boas (2010), é preciso considerar quatro parâmetros fundamentais na escolha do papel: o valor subjetivo, relacionado à beleza e à sofisticação; o custo, dependendo do orçamento disponível para o projeto; a disponibilidade no mercado, no caso de papéis especiais, que são feitos por encomenda; e as restrições técnicas, dependendo do tipo de processo escolhido para a fabricação.

Por exemplo, um convite para um evento exclusivo, produzido em baixa tiragem para ser entregue a clientes especiais, pode e deve contar com um papel com acabamento diferenciado, pois é um produto que deve transmitir sofisticação. Entretanto, esses tipos de papéis são mais caros e, em um projeto de alta tiragem, esse acréscimo no custo seria inviável. Além disso, os papéis especiais não costumam ser encontrados em estoque nos fabricantes – por terem menor saída, são produzidos por demanda. Assim, se houver urgência na impressão, dificilmente esse material será encontrado a pronta entrega e em grande quantidade. Finalmente, a escolha do papel deve estar alinhada ao processo de impressão, pois muitos papéis são espessos, texturizados ou apresentam um acabamento superficial que prejudica a qualidade da imagem em determinadas máquinas. Assim, entre tantas opções disponíveis no mercado, é preciso conhecer as principais características que as diferenciam.

A primeira característica a ser considerada é a **gramatura**, definida pelo peso (em gramas) de um metro quadrado do papel. Por exemplo, o papel sulfite comum, usado no dia a dia, tem gramatura de 90 g/m² – isso quer dizer que uma folha desse papel medindo 1 metro de largura por 1 metro de comprimento terá o peso total de 90 g. Com essa informação de gramatura, também é determinada a classificação do papel – é importante notar que não há um consenso absoluto a respeito dos valores de gramatura que delimitam cada categoria, porém os valores representados no quadro a seguir podem ser utilizados como referência.

Quadro 4.1 Classificação dos papéis por gramatura

Classificação	Gramatura
Papel	Até 180 g/m²
Cartolina	De 180 a 225 g/m²
Cartão	Acima de 225 g/m²

Fonte: Elaborado com base em Villas-Boas, 2010.

Segundo Fernandes (2003), ao escolher o papel para um projeto gráfico, é preciso considerar sua aplicação para determinar a gramatura mais adequada. Em um papel de gramatura muito baixa, por ser mais fino, as imagens impressas podem vazar de um lado para o outro da folha. Um papel com gramatura excessiva, por sua vez, além de encarecer o projeto, pode acarretar em problemas de encadernação e aumentar a espessura e o peso final do impresso. É importante notar que a gramatura do papel está diretamente relacionada à espessura da folha, mas papéis com a mesma gramatura podem ter espessuras diferentes em razão dos acabamentos que recebem. Por exemplo, papéis prensados em calandra são mais compactos e, consequentemente, mais finos.

Conforme citamos brevemente no exemplo, a espessura da folha também interfere em sua **opacidade**, uma propriedade que indica se o papel é apropriado ou não para a impressão frente e verso. Quanto maior a opacidade, menor a translucidez do papel, ou seja, menor a interferência da impressão da face oposta na leitura. Além da gramatura, essa é uma característica que varia de acordo com o revestimento, o grau de absorção da tinta e a cor do papel.

Assim, a **cor** e o grau de **alvura** do papel também devem ser considerados, principalmente em impressos que contam com imagens, além do texto. A alvura diz respeito a quão branco é o papel, característica determinada pelo branqueamento da pasta. Geralmente, quanto mais branco, maior a sofisticação do papel e melhor a definição da impressão sobre ele – isso porque grande parte das tintas gráficas são transparentes, ou seja, formam camadas translúcidas de cor que sofrem influência da cor da base sobre a qual se depositam. Assim, ao optar por papéis coloridos, é preciso ter em mente que a tonalidade vai interferir na coloração final da imagem, como uma película de cor.

Outra característica estrutural importante para a escolha do papel diz respeito às **fibras**. Collaro (2012) explica que os papéis fabricados com fibras longas têm maior resistência mecânica, portanto são indicados para embalagens cartonadas e sacos; os de fibra curta, por sua vez, apresentam maior qualidade de acabamento superficial, sendo ideais para a impressão de informativos e materiais editoriais. Além disso, o sentido das fibras pode dar maior ou menor resistência mecânica ao papel. Conforme Baer (2005), o papel se rasga e se dobra mais facilmente no sentido das fibras, assim, devem ser evitadas as dobras na direção oposta, pois podem romper as fibras.

Há também uma característica denominada **grau de colagem**, que diz respeito ao processo de resinagem pelo qual o papel passa. Baer (2005) explica que quase todos os papéis têm algum grau de colagem, cuja finalidade é impedir que as fibras absorvam água e que a tinta se expanda demais sobre o papel. Essa colagem pode ser feita tanto na massa quanto na superfície do papel já prensado.

No que diz respeito aos **acabamentos superficiais**, Fernandes (2003) aponta que os papéis podem ter diferentes graus de brilho e lisura/aspereza. Quanto aos graus de **brilho**, podem ser brilhantes (*glossy*), foscos (*matte*), semifoscos ou acetinados (*silk*), dependendo do quanto refletem a luz – os papéis mais brilhantes valorizam imagens e cores vivas, porém dificultam a leitura de textos. A **lisura**, por sua vez, diz respeito ao quão regular é a superfície do papel, aspecto importante, pois papéis muito ásperos podem prejudicar a qualidade de definição da imagem em alguns processos de impressão, como a rotogravura. O papel ainda pode passar por algum beneficiamento especial, como a **gofragem**, que lhe confere uma textura com desenho específico – como ocorre nos papéis que imitam a textura de linho ou nas toalhas de papel. Esses acabamentos superficiais são alcançados por meio de revestimento e prensagem em calandra.

Muitas vezes, são utilizados revestimentos minerais para alterar o brilho e a lisura da superfície do papel, o que influencia em seu **pH**, ou seja, no grau de acidez ou alcalinidade. De acordo com Baer (2005), a alta acidez de um papel pode retardar a secagem da tinta, além de alterar a tonalidade e a intensidade do brilho de tons metalizados, pois os ácidos corroem os metais presentes em alguns tipos de pigmento. Uma alcalinidade elevada, por sua vez, tende a corroer as fibras vegetais e resultar em um papel mais amarelado.

Além de todos esses aspectos, o fornecedor de papéis ainda pode oferecer informações sobre porosidade, corpo, resistência à tração, estabilidade dimensional, entre outros (Fernandes, 2003). Todos esses dados são bastante técnicos, mas podem ser importantes ao se discutir o projeto com os profissionais da gráfica responsável pela fabricação. De acordo com as características expostas aqui, é possível classificar os tipos de papéis encontrados no mercado, conforme destacaremos a seguir.

4.1.3
Tipos de papel

Existem no mercado inúmeros fabricantes de papéis e, muitas vezes, cada um deles apresenta seus produtos com nomes comerciais diferentes, o que pode gerar alguma confusão. Entretanto, esses papéis sempre pertencem a alguma classificação geral, de acordo com suas características e aplicações. O Quadro 4.2 a seguir apresenta os tipos de papéis mais comuns na indústria gráfica e sumariza suas principais características.

Quadro 4.2 Tipos de papel comumente encontrados no mercado

Tipo de papel	Gramatura	Características	Aplicações
Acetinado	120 a 150 g/m²	Alto grau de colagem e lisura; boa qualidade de impressão	Revistas, livros, folhetos, catálogos
Apergaminhado (sulfite)	72 a 120 g/m²	Acabamento alisado; apropriado para a escrita	Cadernos, envelopes, papéis de carta
Bíblia (ou índia)	45 g/m²	Fino, porém com boa opacidade	Bíblias e dicionários
Bouffant (ou *bufon*)	63 a 110 g/m²	Leve, encorpado, áspero; boa capacidade de absorção	Livros
Cartão duplex	200 a 600 g/m²	Apresenta duas camadas: suporte (melhor acabamento) e forro (maior gramatura)	Cartuchos, caixas, pastas, displays
Cartão triplex	200 a 600 g/m²	Apresenta três camadas: forro, miolo e verso (podem ter cor e composição diferentes)	Cartuchos, caixas, capas de livro, postais, displays
Cuchê	75 a 180 g/m²	Revestido e branqueado; boa qualidade de impressão; acabamento brilho, semibrilho e fosco	Folhetos, revistas, catálogos
Florpost (segunda via)	30 g/m²	Fino e liso; disponível em tons claros	Blocos de recibo e notas fiscais
Imprensa	45 a 55 g/m²	Pasta mecânica; sem colagem ou alisamento	Jornais e periódicos
Jornal	45 a 52 g/m²	Pasta mecânica; baixa durabilidade e fixação de cor; cor parda	Jornais e folhetos

(continua)

(Quadro 4.2 – conclusão)

Tipo de papel	Gramatura	Características	Aplicações
Kraft	30 g/m²	Resistente, de fibras longas; pode ser branco ou natural (pardo)	Sacos e embalagens descartáveis
Linha-d'água (imune)	70 a 120 g/m²	Pasta com fibras coloridas e luminescentes que dificultam a reprodução da imagem; só pode ser adquirido por gráficas de segurança	Documentos que não podem ser reproduzidos
Monolúcido	30 a 120 g/m²	Branqueado e de alta colagem; apresenta uma das faces com brilho e outra áspera	Cartazes, rótulos, embalagens
Offset	70 a 90 g/m²	Alta colagem e alvura; revestido; bom acabamento superficial; indicado para impressão *offset* (resistente à molhagem)	Livros, revistas, folhetos, cartazes, bulas, papelaria administrativa
Papelão ondulado	Acima de 120 g/m²	Pode ser apenas o miolo (ondulado) ou miolo com capa (ondulado revestido por duas folhas planas); resistente e de cor parda	Embalagens de mercadorias frágeis
Reciclato	72 a 250 g/m²	Feito com cerca de 25% de fibras recicladas, tem coloração suavemente parda e fibras irregulares visíveis	Papelaria, cartões de visita, cartazes, embalagens
Vegetal	30 a 100 g/m²	Translúcido e liso	Decalques, impressos especiais

Fonte: Elaborado com base em Baer, 2005; Fernandes, 2003; Villas-Boas, 2010.

É importante conhecer essas características e aplicações dos principais tipos de papel na teoria, mas nada substitui o contato físico com as amostras, para verificar sensorialmente a textura, a espessura e o aspecto visual de cor e brilho do material. Por isso, muitos fabricantes disponibilizam mostruários de seus produtos, que são atualizados com frequência, para que as agências e *designers* possam consultar sempre que necessário. Nesses mostruários, também há informações sobre os formatos disponíveis para cada um dos produtos, um dado relevante no cálculo de aproveitamento, nosso próximo assunto.

4.1.4
Formatos e aproveitamento

Os papéis são disponibilizados em dois formatos: em folhas individuais, utilizadas para impressos planos, ou em bobinas, utilizadas na impressão rotativa, que é contínua. Em ambos os casos, existem medidas padronizadas que devem ser consideradas já no momento de criação da peça gráfica, para garantir o melhor **aproveitamento** de impressão, ou seja, o maior número de impressos em cada folha. Afinal, uma vez que se paga pela folha inteira, qualquer pedaço jogado fora, em branco, é desperdício de dinheiro.

O formato mais comum é o chamado *DIN* (*Deutsche Industrie Normen* – Normas da Indústria Alemã). Também chamado de *formato internacional*, ele tem como formato-base o A0 (841 × 1.189 mm), que é uma folha retangular, de área igual a 1 m^2, com relação de proporção entre o lado maior e o menor do retângulo igual a $\sqrt{2}$, aproximadamente 1,4 (Baer, 2005). Isso quer dizer que, ao multiplicar o valor da largura pela altura desse retângulo, 0,84 m × 1,189 m, obtém-se medida de 1 m², e que a altura 1,189 m dividida pela largura 0,84 m, resulta no valor 1,4.

A série DIN vai do formato A0 até o A12, em que o tamanho do papel é sempre metade do formato anterior – por exemplo, o papel A4, muito usado no dia a dia, é resultado da divisão do formato A3 ao meio. O Quadro 4.3 e a Figura 4.1 a seguir apresentam todos esses tamanhos e suas relações.

Quadro 4.3 Dimensões de papel do padrão DIN

Formato	Tamanho (mm)
A0	841 × 1.189
A1	594 × 841
A2	420 × 594
A3	297 × 420
A4	210 × 297
A5	148 × 210
A6	105 × 148
A7	74 × 105
A8	52 × 74
A9	37 × 52
A10	26 × 37
A11	18 × 26
A12	13 × 18

Fonte: Elaborado com base em Baer, 2005.

Figura 4.1 Proporção dos tamanhos do padrão DIN

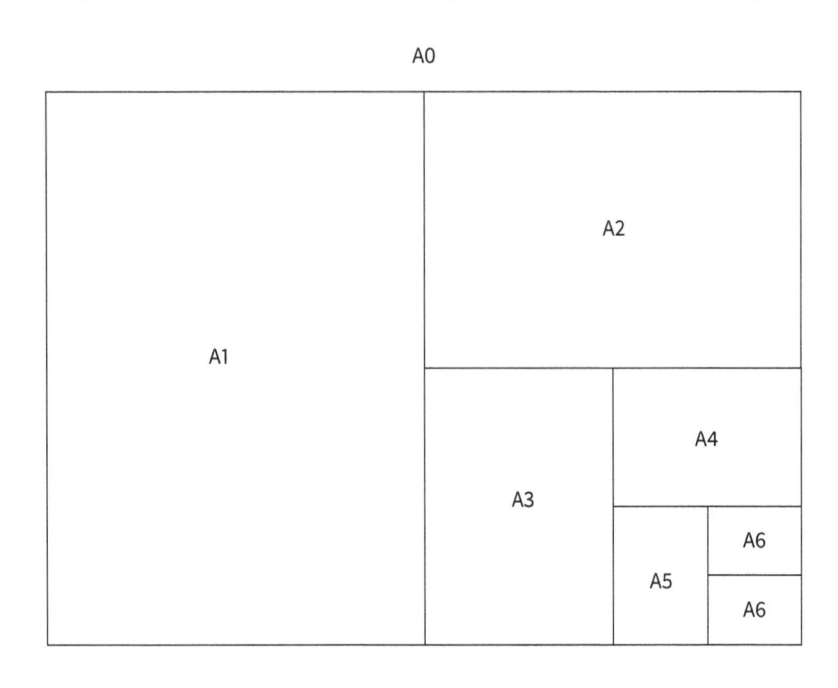

```
                    A0
┌─────────────┬──────────────────┐
│             │                  │
│             │        A2        │
│             │                  │
│     A1      ├────────┬─────────┤
│             │        │         │
│             │        │   A4    │
│             │   A3   ├────┬────┤
│             │        │    │ A6 │
│             │        │ A5 ├────┤
│             │        │    │ A6 │
└─────────────┴────────┴────┴────┘
```

Menos conhecidas que a série A, as séries B e C também são padronizadas no sistema DIN. Segundo Baer (2005), a série C é utilizada principalmente na confecção de envelopes para conter os documentos no formato A, e o formato B é destinado à confecção de pastas para conter os produtos da série C.

Embora o padrão DIN seja adotado em diversos países, no Brasil é geralmente encontrado apenas nas gráficas rápidas digitais, que trabalham com os tamanhos A3 e A4 para o consumidor final. Nas gráficas industriais, o padrão adotado é o estipulado pela ABNT (Associação Brasileira de Normas Técnicas), que padroniza a Série Brasil AA, a Série Brasil BB (pronuncia-se "dois A" e "dois B"). O Quadro 4.4 a seguir apresenta as medidas dos tamanhos-base e de suas subdivisões.

Quadro 4.4 Dimensões de papel dos padrões AA e BB

Série Brasil AA		Série Brasil BB	
Formato	Tamanho (cm)	Formato	Tamanho (cm)
AA	76 × 112	BB	66 × 96
A	56 × 76	B	48 × 66
½ A	38 × 56	½ B	33 × 48
¼ A	28 × 38	¼ B	24 × 33
⅛ A	19 × 28	⅛ B	16 × 24
1/16 A	14 × 19	1/16 B	12 × 16
1/32 A	9 × 14	1/32 B	8 × 12

Fonte: Fernandes, 2003, p. 11.

Segundo Fernandes (2003), os gráficos costumam chamar o formato principal (AA e BB) de *folha inteira*, e a sua divisão, de *meia folha*. Geralmente, o maquinário das gráficas industriais é capaz de trabalhar com algum desses dois formatos. O padrão mais comum nas gráficas brasileiras é o BB, entretanto, em algumas impressoras menores, o tamanho utilizado é o B, que demanda um processo de **corte inicial** do papel ao meio antes da impressão.

Embora existam as normas para a padronização dos papéis, ainda há muitas outras opções disponíveis no mercado. Por isso, é importante verificar com os fabricantes e as gráficas em quais formatos o papel desejado está disponível e se essas dimensões são adequadas ao maquinário que será utilizado.

Considerando agora o processo produtivo, uma vez determinado o tamanho do suporte que será utilizado, é preciso considerar sua **área útil de impressão**. Fernandes (2003) explica que a área útil, também chamada de *extensão livre*, é a área disponível para impressão depois de consideradas as margens destinadas à pinça e ao refile. **Pinça** é a área lateral do papel usada pela impressora para "puxar" a folha. As máquinas pinçam o papel com o lado de maior dimensão voltado para a frente, assim é preciso considerar uma margem de, pelo menos, 20 mm nesse lado. Além disso, é necessário calcular uma margem de, pelo menos, 10 mm em cada lado para o **refile**, que é o corte da moldura externa do papel para evitar possíveis manchas e amassados decorrentes do manuseio.

Assim, ao trabalhar com um papel BB, por exemplo, a área total de 66 × 96 cm é reduzida a uma área útil de 63 × 94 cm, pois retiramos 1 cm de cada lado da dimensão maior (totalizando 2 cm), e 3 cm da dimensão menor (1 cm de refile de uma lateral + 2 cm de pinça da lateral oposta). Mesmo considerando essas margens, não é recomendado forçar a área de impressão até o último centímetro de sua área útil; o ideal é trabalhar com margens um pouco maiores, que, ainda assim, garantem um bom aproveitamento da folha.

Conhecendo a medida da área útil de impressão do papel e do impresso a ser confeccionado, é possível estipular o cálculo básico para uma estimativa de consumo de papel. Para obter esse rendimento, divide-se o tamanho do papel pelo tamanho do impresso (Collaro, 2012). Assim, é possível calcular quantas vezes a medida do impresso cabe na medida do papel.
É importante notar que o impresso pode ser distribuído de duas maneiras na folha: com sua maior dimensão alinhada à maior ou à menor dimensão do papel.

Vamos analisar um exemplo: imagine que você está trabalhando com o papel formato BB, de área útil 63 × 94 cm, e precisa imprimir cartazes de dimensão 60 × 40 cm. O primeiro cálculo será feito considerando a dimensão de 60 cm alinhada à maior lateral do papel. Assim, 94 ÷ 60 = 1,56 e 63 ÷ 40 = 1,57. Isso quer dizer que é possível encaixar apenas um cartaz inteiro na largura e na altura, tendo um desperdício equivalente à medida de meio cartaz. Entretanto, invertendo a posição do impresso na folha, alinhando a dimensão de 60 cm à menor lateral, o cálculo é 63 ÷ 60 = 1,05 e 94 ÷ 40 = 2,35. Isso quer dizer que é possível encaixar um cartaz na largura, mas dois na altura, dobrando o aproveitamento de impressão. Veja a diferença na Figura 4.2 a seguir.

Figura 4.2 Exemplo de aproveitamento da folha de papel

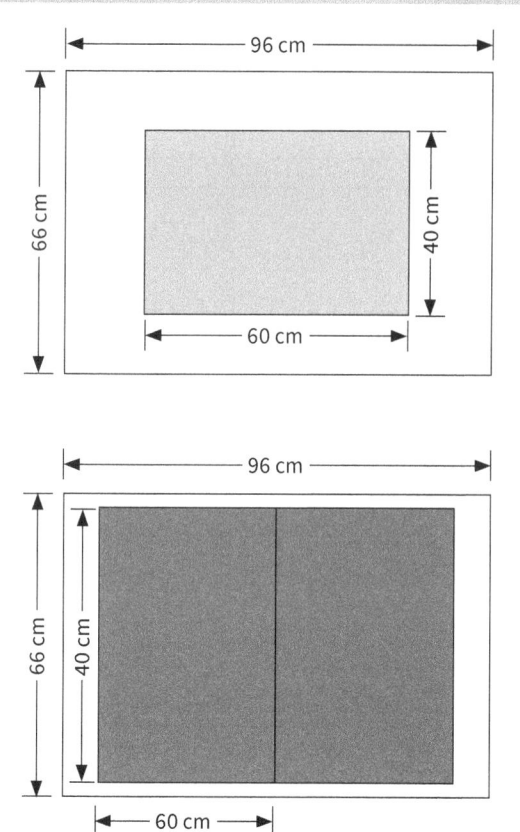

Muitas vezes, reduzindo apenas 1 ou 2 centímetros das dimensões iniciais, é possível encaixar algumas unidades de impresso a mais na mesma folha, uma otimização que gera grande economia em tiragens maiores. Por exemplo, na folha de área útil de impressão tamanho 63 × 94 cm, é possível encaixar 9 folhetos de tamanho 30 × 17 cm. Entretanto, ao diminuir a dimensão do folheto para 30 × 15 cm, é possível encaixar mais uma fileira de impressos, aumentando o número de peças para 12 na mesma folha, conforme apresentado na Figura 4.3 a seguir.

Figura 4.3 Exemplo de aproveitamento de papel

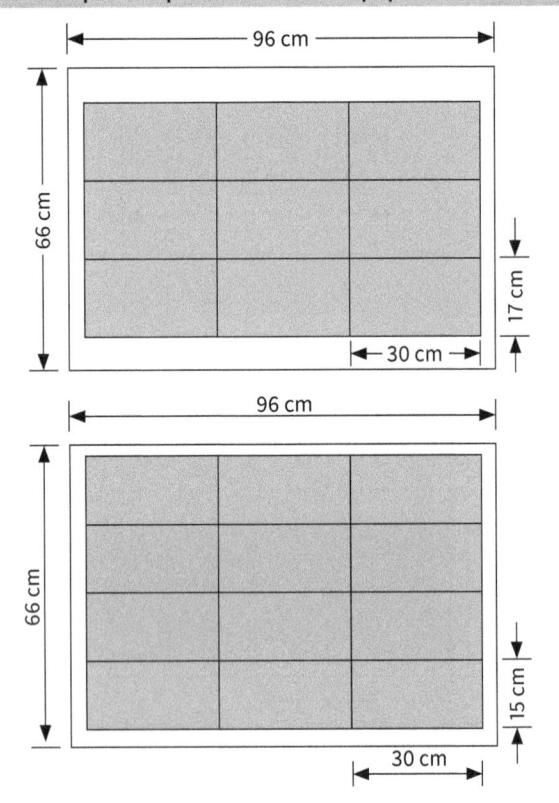

É claro que, ao dividir as dimensões da área útil de impressão em partes iguais, há melhor aproveitamento. Por exemplo, é possível dividir a folha BB, com área útil de impressão 63 × 94 cm, em 4 cartazes de 31,5 × 47 cm com aproveitamento total. Entretanto, é importante lembrar que não devemos forçar a impressão até o limite da área útil, pois pode haver falhas.

No caso do papel em bobinas, a medida determinante é a largura, que também deve ter pelo menos 1 cm de margem descontado de cada borda lateral para acabamento. As larguras disponíveis no mercado variam de acordo com o tipo de papel, mas as mais comuns estão entre 80 e 90 cm. Assim, o cálculo deve ser feito considerando o encaixe nessa largura e a soma das alturas necessárias na sequência. Vamos usar como exemplo o mesmo folheto tamanho 30 × 15 cm. Se a bobina tiver uma largura útil de 80 cm, é possível encaixar 5 impressos de 15 cm em sua largura (80 ÷ 15 = 5,3). Assim, a cada 30 cm lineares da bobina (altura do impresso), são impressos 5 folhetos. Se a tiragem for de 6.000 unidades, dividindo esse número pelo rendimento na largura (6.000 ÷ 5), são necessárias 1.200 "alturas" de 30 cm, um total de 36 metros de papel.

Finalmente, é necessário incluir no cálculo de consumo do papel a **quebra**, que é uma quantidade adicional usada para fazer o acerto de máquina e cobrir eventuais falhas de impressão. Mesmo utilizando os melhores equipamentos, eventualmente pode acontecer de algumas folhas amassarem ou impressões borrarem, devendo ser descartadas sem comprometer a tiragem final. Assim, Villas-Boas (2010) recomenda um acréscimo de 10 % no consumo total de papel. Voltando ao exemplo anterior: para imprimir 6.000 unidades dos folhetos de 30 × 15 cm, são necessárias 500 folhas BB (porque, segundo os cálculos anteriores de aproveitamento, é possível encaixar 12 impressos por folha). Aplicando o cálculo de quebra de 10% sobre as 500 folhas, são necessárias 550 folhas BB para ter a segurança da tiragem completa.

Muitos suportes de impressão que não são papéis também seguem esses padrões de dimensão, justamente para se adaptarem ao maquinário, que, na maioria das vezes, é comum a todos os materiais. Ainda assim, existem algumas restrições técnicas dependendo do tipo de substrato, conforme trataremos a seguir.

4.2 Outros suportes de impressão

Embora o papel seja o principal suporte de impressão da indústria gráfica, os avanços tecnológicos dos maquinários de impressão hoje permitem mais alternativas para a produção de peças com acabamentos especiais, estrutura e maior estabilidade. É comum encontrar materiais promocionais e de sinalização feitos em polímero em vez de cartão. No mercado de embalagens, tanto os polímeros quanto as folhas metálicas são alternativas que possibilitam maior proteção e durabilidade. Os tecidos, por sua vez, são um substrato cada vez mais popular na decoração de ambientes promocionais e até mesmo no revestimento de produtos especiais e exclusivos. Isso sem falar dos brindes, que podem ser de vidro, plástico ou cerâmica, sempre recebendo, pelo menos, a impressão da marca. O Quadro 4.5 a seguir apresenta algumas dessas opções, relacionando-as com os processos e aplicações mais indicados.

Quadro 4.5 Outros substratos de impressão

Material	Processos indicados	Aplicações
Adesivo	Impressão digital	Revestimentos temporários
Cerâmica	Tampografia, termotransferência sublimática	Objetos promocionais
Lona	Impressão digital	*Banners*
Madeira	Serigrafia, gravação a *laser*	Sinalização, objetos promocionais
Metal	Serigrafia, gravação a *laser*	Sinalização, objetos promocionais
PVC	Impressão digital, serigrafia	Sinalização, material de PDV
Tecido	Serigrafia, impressão digital por jato de tinta, termo-transferência sublimática	Camisetas, painéis decorativos

Fonte: Elaborado com base em Ambrose; Harris, 2009; Fernandes, 2003.

É importante lembrar que há inúmeras variações nessas cartelas de materiais – por exemplo, os adesivos podem ser de vinil-padrão, translúcidos (para serem aplicados em vidros), microperfurados (cobertura parcial) ou com *black-out* (cobertura total, sem transparência mesmo nas cores claras). Em relação aos tecidos, somente os de poliéster podem ser estampados por termotransferência sublimática e, mesmo na impressão digital, cada fibra têxtil exige um tipo de corante diferente.

Por isso, é importante consultar tanto os fornecedores de matéria-prima quanto o prestador de serviços de impressão para alinhar as necessidades do projeto, garantindo o melhor custo-benefício sem entraves técnicos.

Perguntas & respostas

Existem ainda outras possibilidades de suporte para impressão?

Certamente, a produção publicitária impressa não se limita aos materiais de suporte apresentados aqui. Eles são os mais utilizados e, por isso, mais fáceis de serem encontrados nos fornecedores e com uma qualidade de impressão já verificada e garantida. Mas nada impede o uso de materiais alternativos, desde que passem por um teste preliminar para verificar sua viabilidade de uso. Em geral, impressoras que trabalham com suportes finos e flexíveis não têm condições físicas de aceitar outro tipo de material, mas técnicas como a serigrafia e a tampografia podem se adaptar facilmente a outros materiais, desde que se use o tipo de tinta apropriado.

4.3
Tintas gráficas

Diante de tantas opções de processos e suportes de impressão, é normal também encontrar uma gama diversa de tintas, cada uma mais apropriada para determinada situação. Fernandes (2003) explica que as tintas utilizadas no processo gráfico são compostas essencialmente de pigmento, veículo e aditivo. Os tipos e as proporções de cada um desses ingredientes definem as características técnicas de cada tinta.

Segundo o autor, **pigmento** é a partícula de cor em si. Ele pode ter origem vegetal, mineral, animal ou até mesmo ser sintética. Dependendo de sua composição, apresenta maior ou menor intensidade de cor, opacidade, que diz respeito à cobertura e transparência, e permanência, relacionada à durabilidade ao longo do tempo e diante de agentes externos (em especial, a luz).

Os **veículos** são substâncias que dão corpo à tinta, ou seja, a base que carrega o pigmento. Algumas tintas são classificadas como oleosas (base de óleo vegetal ou mineral), voláteis (base de álcool) ou sólidas (base de cera ou polímero).

Finalmente, os **aditivos** são substâncias químicas acrescentadas à tinta para modificar suas propriedades. Por exemplo, uma tinta pode receber um secante ou um retardador para determinar sua velocidade de secagem. Existem ainda aditivos oxidantes e lubrificantes, que modificam a reação do pigmento e sua interação com o suporte.

Por meio da mistura desses três ingredientes, são inúmeras as possibilidades de composição para as tintas, dependendo das características desejadas, que influenciam diretamente no resultado visual da peça impressa. O Quadro 4.6 a seguir apresenta as principais características que devem ser observadas.

Quadro 4.6 Principais características das tintas gráficas

Característica	Definição
Brilho	Grau de reflexão de luz
Poder de cobertura	Opacidade, ou seja, capacidade de cobrir de maneira uniforme a superfície
Resistência à água	Capacidade de resistir (sem se modificar) ao contato com a água
Resistência ao calor	Capacidade de resistir a variações térmicas
Resistência à luz	Capacidade de resistir à luminosidade, sem comprometer o tom
Rigidez	Força necessária para colocar tintas pastosas em movimento
Tack (mordente)	Capacidade de adesão da tinta no suporte sem que ela se separe
Tempo de secagem	Tempo necessário para a película de tinta se estabilizar
Tom de massa	Intensidade de cor quando concentrada
Transparência	Capacidade de cobrir de forma translúcida a superfície

Fonte: Elaborado com base em Baer, 2005; Fernandes, 2003.

Fernandes (2003) reforça que a secagem é uma das principais preocupações no que diz respeito à tinta. Ela pode ocorrer por absorção, no caso de papéis porosos, como o jornal; por evaporação, no caso de tintas voláteis, para rotogravura e flexografia; ou por oxidação, que ocorre nas tintas usadas para impressão *offset* e é o processo mais lento. Se o tempo de secagem de cada camada de tinta do impresso não for respeitado, pode haver problemas como borrões (*smudging*), esfarelamento (*chalking*) ou transferência da imagem para o verso da folha anterior (*ghosting*) ou para a folha seguinte (*set-off*), como se fosse um carimbo (Baer, 2005).

Quanto aos tipos de tinta encontrados no mercado, geralmente são categorizados de acordo com o sistema de impressão ou as características essenciais da tinta. Veja no Quadro 4.7 a seguir as principais classificações.

Quadro 4.7 Principais classificações das tintas gráficas

Quanto ao tipo de base		
TINTA	CARACTERÍSTICAS	APLICAÇÕES
Pastosa	À base de óleos secantes, óleos minerais ou resinas derivadas deles	Tipografia, *offset*
Líquida	À base de solventes voláteis	Rotogravura, flexografia
Permeográfica	À base de óleos e vernizes sintéticos; produzem uma camada de tinta mais espessa	Serigrafia
Quanto ao tipo de secagem		
TINTA	CARACTERÍSTICAS	APLICAÇÕES
Cold-set	Secagem rápida a frio, não se fixa de maneira permanente	*Offset* (produção de jornais e materiais de ciclo de vida curto)
Heat-set	Secagem por aquecimento, por evaporação do solvente e fixação da resina	*Offset*
Moisture-set	À base de álcoois (absorção) e resinas solúveis (fixação); não tem cheiro forte	Rotogravura, flexografia
Quick-set	Bastante viscosa; com secagem rápida por absorção seletiva	*Offset*
Secagem UV	Utiliza menos solventes; seca por polimerização em radiação ultravioleta	*Offset*, flexografia, serigrafia
Quanto ao efeito visual		
Alto brilho	À base de resinas sintéticas, tem penetração mínima no papel e alta reflexão da luz	*Offset*, serigrafia
Metálica	Acabamento metalizado; usa pigmentos mais espessos que tendem a se acumular na matriz	Tipografia, *offset*, serigrafia
Fluorescente	Usa pigmento orgânico que apresenta radiação luminosa	*Offset*, rotogravura, serigrafia (mais intenso)
Invisível	Torna-se visível apenas em contato com a luz ou reagentes químicos	*Offset*, serigrafia

Fonte: Elaborado com base em Baer, 2005.

A base da tinta, portanto, está diretamente relacionada ao processo de impressão. O *offset* demanda tintas oleosas, seja qual for o método de secagem; a rotogravura e a flexografia demandam tintas mais líquidas e de secagem rápida; a serigrafia é um dos processos mais versáteis, pois se adapta a diferentes tipos de tinta e secagem, dependendo do substrato no qual será aplicada.

No que diz respeito à impressão digital, as tintas variam de acordo com o processo e o substrato que vai receber a impressão. O processo eletrostático, por exemplo, utiliza o **toner** como fonte de pigmento. Segundo Horie e Liberato (2012), o *toner* é um corante de micropartículas que pode se apresentar na forma sólida ou líquida. O *toner* sólido é composto por uma resina termoplástica, acrescida de pigmento orgânico e outros aditivos, como modificadores de carga e promotores de fluxo. O *toner* líquido, por sua vez, tem como base o óleo mineral ou a resina polimérica, mais o pigmento e os aditivos. No caso da impressão digital por jato de tinta, as tintas podem ser fabricadas com corantes ou pigmentos. Os corantes são mais fluidos, porém podem desbotar com maior facilidade. Os pigmentos têm maior resistência de cor, mas podem ocasionar o entupimento dos cabeçotes de impressão.

Geralmente, a gráfica é a responsável pela aquisição das tintas de acordo com seu maquinário, pois trata-se de uma escolha bastante técnica, mas a equipe de criação precisa conhecer essas possibilidades e suas propriedades, principalmente no que diz respeito ao efeito visual e à viabilidade de aplicação.

Síntese

Neste capítulo, abordamos algumas das inúmeras possibilidades de suporte para os produtos gráficos e destacamos que a escolha do processo de impressão está diretamente relacionada às características do material-base a ser utilizado.

O papel é o principal suporte de impressão e, embora pareça um material simples e comum, são diversas as possibilidades entre suas características estruturais e de acabamento. Tais características influenciam tanto no resultado estético quanto no custo de produção do impresso – por isso, cabe ao profissional criativo ter esse conhecimento em seu repertório para propor aos seus clientes as soluções mais acertadas. Por isso, também demonstramos o cálculo do consumo de papel conforme os formatos padronizados de folha e destacamos que pequenos ajustes de dimensão podem otimizar o aproveitamento do material, diminuindo custos e resíduos.

As possibilidades de produtos gráficos são se limitam aos impressos em papel – na publicidade, os brindes e as embalagens são tão importantes quanto os informativos e materiais de divulgação. Em razão da tridimensionalidade, da rigidez e da irregularidade dos suportes de impressão alternativos, a escolha dos processos é um pouco mais restrita, mas sempre existem opções apropriadas para o desenvolvimento desses materiais diferenciados, com alto valor agregado.

Finalmente, também discorremos um pouco sobre as tintas gráficas. Embora pareça ser um conhecimento muito técnico, a compreensão das características físico-químicas das tintas ajuda na compreensão da melhor escolha dos processos e suportes de impressão – por exemplo, as tintas para *offset* são oleosas e transparentes para se adequarem à matriz lipófila e ao processo de construção de imagem por policromia. Além disso, é importante conhecer as possibilidades de acabamento e efeito visual das tintas como forma de agregar um diferencial ao desenvolvimento criativo do projeto gráfico.

Assim, não existem regras ou fórmulas para a escolha dos materiais, pois cada projeto tem necessidades técnicas e estéticas específicas e um orçamento determinado. Toda a escolha de materiais deve ser feita buscando o melhor custo-benefício – nem a solução mais barata, que pode apresentar um resultado pouco refinado para a proposta, nem a solução mais sofisticada, que muitas vezes aumenta os custos de produção sem agregar tanto valor ao projeto final.

Questões para revisão

1) Quais são as principais características estruturais e de acabamento superficial que devem ser consideradas na escolha do papel?

2) Imagine que você está responsável pela produção de um fôlder com as seguintes especificações técnicas:
    - Formato fechado: 15 × 22 cm
    - Formato aberto: 30 × 22 cm
    - Tiragem: 3.500 unidades
    - Capacidade da impressora: folha inteira padrão BB

    Sabendo que as folhas são compradas em resmas (500 unidades por pacote), calcule a quantidade de resmas necessárias para esse projeto.

3) (Enade 2015 | Tecnologia em Design Gráfico)

Os papéis especiais destacam-se por sua cor e/ou textura, aliadas à boa qualidade de suas propriedades, especialmente quanto ao corpo, podendo ser revestidos ou não, mas sempre formados, na totalidade ou preponderantemente, por pasta química. A maioria desses papéis é importada, e seu custo bastante alto. Em contrapartida, tendem a singularizar o projeto.

VILLAS-BOAS, A. **Produção gráfica para designers**. Rio de Janeiro: 2AB, 2008. (adaptado).

Considerando o texto, avalie as asserções a seguir e a relação proposta entre elas.

I) Na escolha dos papéis que serão utilizados em um projeto de papelaria, deve-se levar em consideração a qualidade de apresentação que se pretende alcançar, a despeito dos custos envolvidos.

PORQUE

II) Características como textura, brilho, cor e corpo, que são diferenciadas em papéis especiais, podem influenciar na conceituação do projeto.

A respeito dessas asserções, assinale a opção correta.

a) As asserções I e II são proposições verdadeiras, e a II é uma justificativa correta da I.
b) As asserções I e II são proposições verdadeiras, mas a II não é uma justificativa correta da I.
c) A asserção I é uma proposição verdadeira, e a II é uma proposição falsa.
d) A asserção I é uma proposição falsa, e a II é uma proposição verdadeira.
e) As asserções I e II são proposições falsas.

4) (Vunesp – Concurso Público Prefeitura de Presidente Prudente / SP 2016 | Assistente de Criação e Redação)

Para imprimir um relatório de gestão, o prefeito de Presidente Prudente solicitou que a publicação tivesse a qualidade de uma revista de alto padrão, com textos elaborados de forma concisa e precisa, com fotos de boa qualidade e impressão em papel com boa opacidade, brilho e alta alvura. Na descrição do produto para licitação, a assessoria de imprensa vai solicitar que a publicação tenha como suporte de impressão o papel

a) offset.
b) couchê.
c) bufon.
d) linha-d'água.
e) apergaminhado.

5) (Cesgranrio – Concurso Público Banco Nacional de Desenvolvimento Econômico e Social (BNDES) 2013 | Comunicação Social)

No projeto de uma revista institucional, o profissional de comunicação, querendo economizar no orçamento, decidiu usar um papel de baixa gramatura. Essa escolha fará com que a(s)

a) revista fique excessivamente pesada e grande.
b) impressão da revista demande um número maior de folhas.
c) ilustrações impressas fiquem com uma aparência borrada.
d) folhas da revista apresentem muitas dificuldades para serem dobradas.
e) imagens impressas corram o risco de vazar de uma página para a outra.

5
Pós-impressão

Conteúdos do capítulo:

- Acabamentos básicos e especiais para impressos.
- Encadernação.
- Acabamento cartotécnico.

Após o estudo deste capítulo, você será capaz de:

1. identificar os acabamentos básicos pós-impressão;
2. discutir a aplicabilidade de acabamentos especiais em projetos gráficos;
3. optar pela forma de encadernação mais apropriada para um projeto gráfico;
4. reconhecer as características do acabamento cartotécnico.

Até agora, abordamos os processos de impressão e os suportes utilizados na confecção dos produtos gráficos, destacando que todas as escolhas relativas a materiais e processos devem ser estrategicamente pensadas de modo a obter o melhor resultado possível dentro do orçamento. Após a impressão do material, a responsabilidade continua na escolha dos acabamentos – uma série de processos que podem tanto valorizar um produto gráfico quanto depreciar um trabalho até então de boa qualidade.

Collaro (2012) define os acabamentos na indústria gráfica como os beneficiamentos pelos quais passam os impressos, de forma que apresentem a estética desejada para o projeto e o aspecto mais apropriado para seu uso e manuseio. Trataremos aqui tanto do acabamento editorial, destinado a impressos publicitários e informativos, quanto do carto-técnico, que diz respeito às embalagens, assunto também de grande relevância para a publicidade.

5.1
Acabamentos básicos

Como você viu nos capítulos anteriores, os impressos saem das máquinas com a imagem pronta, porém ainda não estão estruturados como produtos. Até mesmo um impresso simples como o jornal precisa da dobra central, e os cartões de visita precisam ser separados uns dos outros na grande folha BB em que foram impressos. Assim, alguns tipos de acabamento pós-impressão são básicos para qualquer tipo de material gráfico.

Villas-Boas (2010) explica que o **refile** é o processo de corte das bordas da folha com o objetivo de obter o formato definitivo do impresso acabado, eliminando margens e marcas de impressão, rebarbas e o possível desalinhamento entre as páginas. Além do refile, existem ainda os **cortes intermediários**, que podem ocorrer de diversas formas, como uma preparação para os demais processos de encadernação e acabamento de que trataremos a seguir. Por exemplo, os cortes podem ser usados para separar as diversas unidades que foram impressas na mesma folha (nesse caso, quando o corte separa as unidades e elimina as margens de cada uma, também pode ser chamado de **corte duplo**) e para abrir os cadernos que foram dobrados (processo que abordaremos a seguir, na encadernação).

Como opção de acabamento básico, existem as **dobras** simples, que geralmente são feitas nos impressos que dispensam outras formas de encadernação ou como parte dos processos de encadernação de que trataremos a seguir. Quando a dobra é feita para dentro, formando um V, é chamada de *dobra vale*. No sentido contrário, quando forma um ângulo superior, é chamada *dobra montanha* (Ambrose; Harris, 2009). A analogia visual é bastante clara e facilita a memorização. Outros tipos de dobra, mais complexas, serão abordadas ao final deste capítulo, no tópico sobre encadernação.

Alguns impressos têm ciclo de vida curto – como jornais e panfletos – e, por isso, devem priorizar a redução máxima de custos em materiais e processos. Entretanto, os materiais especiais – sejam eles parte da identidade visual de uma marca, embalagens *premium* ou uma ação comemorativa, por exemplo – exigem maior refinamento em seu acabamento, justamente para agregar valor ao projeto. Nesses casos, ainda que configurem um custo adicional, os acabamentos especiais podem trazer maior sofisticação ao produto gráfico. Você vai conhecer essas possibilidades a seguir

Perguntas & respostas

As gráficas cobram pelos processos de acabamento básicos?

Geralmente os acabamentos básicos não são cobrados à parte no orçamento, pois subentende-se que eles serão feitos de qualquer maneira. Mesmo as gráficas menores, que não têm um setor específico de acabamento, contam com algum equipamento básico para refile e dobra.

5.2
Acabamentos especiais

Como você viu anteriormente, o corte ou refile é um acabamento essencial para os produtos gráficos. Além dos formatos tradicionais e do corte reto da guilhotina, existem as chamadas *facas especiais*, que cortam os impressos nos formatos mais diversos, não apenas nas bordas, mas também em cortes vazados internos – um recurso não apenas estético, mas também funcional. As facas em formatos especiais são um acabamento básico no que diz respeito a embalagens, mas no caso dos materiais promocionais podem acrescentar sofisticação e individualidade ao projeto.

Segundo Baer (2005), as facas são confeccionadas com base no desenho técnico planificado do impresso. Esse desenho é transferido para uma base de madeira, na qual são feitos os sulcos para encaixe da lâmina. Com um martelo, essas lâminas são curvadas e encaixadas nos sulcos da madeira, formando a faca. Hoje em dia, também existem máquinas capazes de realizar esse processo de maneira automatizada, gravando a madeira a *laser* e conformando as lâminas.

Além do corte completo, também é possível fazer **vincos** para dobra, utilizando uma lâmina arredondada. Com lâminas dentadas, é possível fazer **serrilhados** e **picotes**. Villas-Boas (2010) explica que a diferença entre eles é que os serrilhados são pequenos cortes na folha, com tamanho e distância reguláveis, utilizados tanto na produção de canhotos destacáveis quanto como processo preliminar na dobra de papéis de alta gramatura. Já os picotes são perfurações menores e redondas, que servem para destacáveis, mas não são utilizadas para dobra.

O autor ainda destaca que esse processo acrescenta custos ao projeto, pois é necessário confeccionar uma matriz personalizada para cada projeto. Por meio de pressão, a faca corta uma ou mais folhas de uma vez, assim como a guilhotina. Assim, as gráficas cobram tanto pela confecção da faca quanto pela batida de corte, um custo que deve ser diluído no volume de impressos.

Outro acabamento especial que pode ser caro, uma vez que requer a confecção de matrizes, é o relevo. Ambrose e Harris (2009) explicam que o **relevo seco** (Figura 5.1) consiste em uma imagem estampada de forma tridimensional, por meio de clichês metálicos que prensam o papel, gerando o relevo. Os clichês são sempre complementares – deve haver o positivo e o negativo, de forma que um dos lados do papel ficará em alto-relevo e o outro em baixo-relevo. Nesse processo, devem ser usados sempre papéis com maior gramatura, para que não rasguem.

Figura 5.1 Exemplo de relevo seco em papel

Além dessa forma de relevo, há o **relevo americano** ou **termografia**. Nesse processo, o pó termográfico é aplicado sobre a tinta ainda úmida, geralmente impressa em *offset* ou por meio de impressão tipográfica. Em uma estufa, ocorre a cura do pó e a superfície fica em relevo, com um aspecto rugoso. É um recurso muito utilizado na confecção de convites, principalmente com acabamento metalizado.

Outra forma de acrescentar o efeito metalizado a um impresso é por meio do ***hot stamping***, definido por Fernandes (2003) como uma impressão feita com clichê quente sobre uma película que é termicamente transferida para o suporte. É o processo utilizado nas encadernações em capa dura das monografias da faculdade e também em capas de revista e outros impressos em larga escala. Como resultado da pressão, a área estampada fica com um baixo-relevo suave. Além do acabamento metalizado, também é possível encontrar películas holográficas e com efeitos especiais (Figura 5.2).

Figura 5.2 Exemplo de aplicação de película por *hot stamping*

Entre os acabamentos de revestimento, está o **verniz**, que, segundo Ambrose e Harris (2009), é um composto químico incolor que pode ter acabamento brilhante (*gloss*), fosco (*matte*) ou acetinado (*silk*). Além da função decorativa, o verniz também protege o suporte do desgaste e do manuseio, portanto pode ser aplicado tanto na cobertura completa do impresso quanto de maneira localizada (chamado de *com reserva*), para destacar alguma parte dele. Muitas vezes, o verniz é chamado de *UV*, em referência ao processo de cura com radiação ultravioleta pelo qual o acabamento passa (existem outros tipos de verniz, porém o UV é o mais utilizado). Assim, quando os profissionais gráficos dizem *UV local* ou *UV total*, estão se referindo à aplicação localizada ou de superfície completa do verniz. Essa aplicação pode ser feita por dois processos: **in-line**, no qual o verniz é acrescentado na própria máquina offset, como uma cor adicional, e absorvido juntamente com a tinta; ou **off-line**, no qual é aplicado sobre a tinta já seca e é menos absorvido pelo papel, gerando um efeito visual mais marcante.

Além dos acabamentos superficiais básicos de brilho, os vernizes também podem ter aditivos que os deixam com o aspecto texturizado, metalizado, cintilante, perolizado, glitter, fluorescente, fosforescente (que brilha no escuro), holográfico, entre outros. Existe ainda o verniz termocrômico, que muda de cor de acordo com a temperatura, e o aromático, que libera uma fragrância ao ser friccionado, como nos catálogos de cosméticos. A maioria dos vernizes diferenciados é aplicada pelo processo de serigrafia, mas alguns se adaptam ao processo offset e à flexografia.

Outro processo de revestimento é a **laminação**. Segundo Collaro (2012), a laminação ocorre por meio da acoplagem térmica de dois ou mais substratos utilizando cilindros de pressão. Assim, é possível unir papéis lisos a películas plásticas com efeitos especiais. Hoje essas películas são encontradas em versões metalizadas, holográficas e texturizadas, assim como os vernizes. Também é comum encontrar a combinação dos dois revestimentos: a laminação fosca com o verniz localizado brilho, muito utilizados em cartões de visita, por exemplo (Figura 5.3).

Figura 5.3 Exemplo de aplicação de verniz localizado

ISA/kino.com.br

Hoje em dia, são cada vez mais comuns também os acabamentos e intervenções artesanais – como costura e pintura manuais –, principalmente em projetos de baixa tiragem, com o objetivo de deixá-los ainda mais personalizados e exclusivos. Entretanto, como o foco são os processos industriais, em larga escala, contemplamos aqui os acabamentos especiais mais utilizados, resumidos também no quadro de síntese ao final do capítulo.

Além dos acabamentos estruturais básicos, como corte e vinco, e dos efeitos superficiais, que acrescentam efeitos visuais ao material, os impressos que têm múltiplas páginas ainda passam por processos específicos que vão estruturá-los em seu formato final. Para isso, é preciso compreender como se dá a montagem das folhas e a encadernação que vai mantê-las unidas, assuntos que serão tratados a seguir.

Estudo de caso

Figura 5.4 Frente e verso do convite para o desfile da marca Preen

Hess e Pasztorek (2010) apresentam um exemplo de impresso que se utiliza dos acabamentos especiais para comunicar um conceito bastante específico. A marca inglesa de roupas femininas Preen trabalha em parceria com o escritório de *design* StudioThomson, em Londres, no desenvolvimento de seu material gráfico – em especial, os convites para seus desfiles, uma oportunidade de experimentar novas técnicas e processos, uma vez que a quantidade produzida é relativamente pequena.

Os convites são sempre discutidos em conjunto, no estúdio da marca, analisando painéis de inspiração e as próprias roupas da coleção. As influências criativas da Preen também servem como referência para a criação gráfica, e o desafio é interpretar essa inspiração para criar algo relevante, mas que ainda não revele demais o que estará por vir no lançamento.

No desfile da temporada outono/inverno 2005, a Preen misturou elementos em suas criações, que foram divididas em duas linhas – uma apresentava estética sofisticada, em contraste com outra mais despojada e desconstruída. Essa dualidade foi traduzida no convite por meio dos acabamentos: a frente do impresso era laminada, na cor branca pura, com toque liso e suave e aplicação do logo da Preen em *hot stamping* prata. O verso, em contrapartida, trazia o papel sem revestimento ou branqueamento, revelando uma textura crua, e era impresso em tipografia apenas na cor preta, gerando um resultado rústico.

Esse *case* é um exemplo claro de como os acabamentos especiais influenciam na percepção de valor dos impressos – não apenas no que diz respeito ao custo, mas também no que se refere a valores estéticos e simbólicos – contribuindo para a comunicação de forma não verbal.

5.3
Acabamento editorial

O acabamento editorial diz respeito aos processos de beneficiamento pelos quais os impressos publicitários e informativos passam até atingir seu formato final. Como destacamos anteriormente, mesmo os impressos mais simples devem passar por algumas operações básicas para se estruturarem como produtos gráficos, como dobras, cortes e a encadernação em si, que podem ocorrer por diversas técnicas. A seguir, vamos detalhar esses processos.

5.3.1
Imposição

Segundo Collaro (2012), o acabamento editorial tem início com uma operação chamada ***imposição*** ou *montagem*, que diz respeito à maneira como as diferentes páginas são posicionadas na mesma folha, para que possam ser dobradas e cortadas na composição dos cadernos. Esse processo é importante para impressos sequenciais frente e verso, ou seja, livros, revistas e todos aqueles que apresentam uma sequência definida de páginas impressas nas duas faces da folha.

É comum confeccionar um **boneco** para poder avaliar de maneira preliminar essa disposição das páginas. O *boneco* nada mais é do que uma folha, de preferência muito próxima à que será utilizada em definitivo, que é dobrada sequencialmente ao meio, tantas vezes quantas forem necessárias, para simular o processo real. Com isso, ao desdobrar a folha, é possível saber onde ficará cada página (quais estarão lado a lado e quais estarão frente e verso) e qual deve ser seu sentido ("em pé" ou de "cabeça para baixo").

São utilizados diferentes esquemas de imposição, dependendo do formato das impressoras e dobradeiras disponíveis na gráfica. Baer (2005) cita três métodos: a imposição **frente e verso**, na qual são usadas duas matrizes diferentes, cada uma contendo metade das páginas, e as folhas são impressas de um lado e, em seguida, do outro (Figura 5.5-A); a imposição **tira e retira**, que organiza as páginas de frente e verso na mesma matriz, imprimindo uma face de toda a pilha de folhas, que depois é virada lateralmente e impressa em seu verso com a mesma matriz (Figura 5.5-B); e a imposição **tira e retira tombando**, semelhante ao processo anterior, mas com a inversão da pilha de papéis sendo feita de baixo para cima, invertendo o lado da pinça.

Figura 5.5 Esquemas de imposição

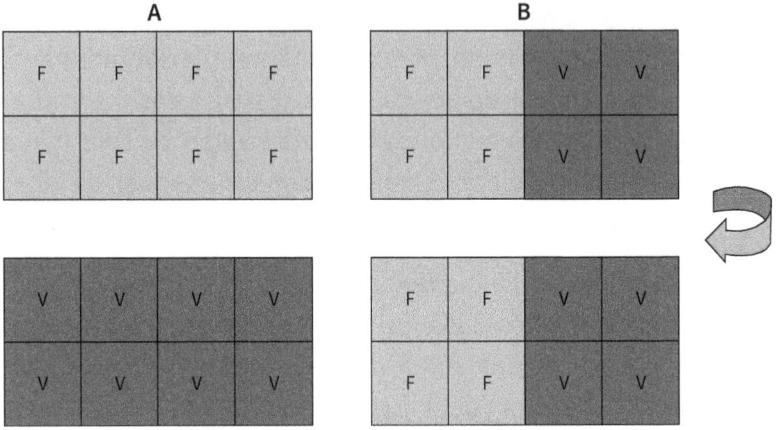

Hoje em dia, existem *softwares* que já determinam com precisão a imposição necessária para um projeto. Segundo Fernandes (2003), essa não é uma tarefa comum no cotidiano de *designers* e publicitários, entretanto, ao exportar os arquivos finalizados ou dialogar com os profissionais da gráfica, eles podem se deparar com essa situação, por isso é importante que compreendam a lógica básica da construção do impresso.

Ambrose e Harris (2009) vão além e afirmam que um plano de imposição pode servir como um guia visual para a equipe de criação. Visualizando quais páginas serão impressas uma ao lado da outra, a equipe sabe que o mesmo suporte será utilizado para todas elas e que todas podem receber uma cor especial na impressão sem custo adicional, por contarem com a mesma chapa.

Um exemplo de plano de imposição muito comum na indústria gráfica é o de 8 páginas por face da folha, dispostas conforme a Figura 5.6 a seguir. Considere que a página 2 é o verso da página 1, por isso, a visualização na figura é espelhada. Essa folha passa por uma máquina chamada **dobradeira**, que pode fazer dobras paralelas (um único sentido) ou cruzadas (nas duas direções) para formar o caderno.

Figura 5.6 Exemplo de imposição de um impresso de 16 páginas

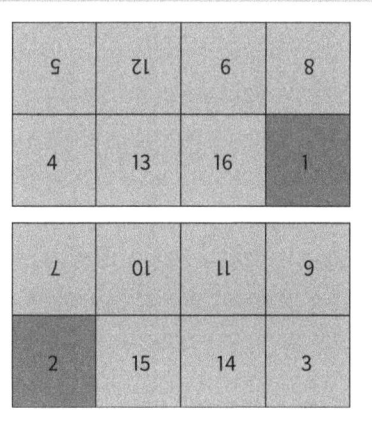

5	12	9	8
4	13	16	1
7	10	11	6
2	15	14	3

Embora a associação imediata dos impressos dobrados seja aos mapas e folhetos, que chegam às mãos do usuário nesse mesmo formato, as dobras também são essenciais para outros tipos de encadernação. Isso porque essas folhas dobradas formam os cadernos-base para a brochura, que passam pelo **corte trilateral**, processo realizado em guilhotina especial que abre os impressos paginados, deixando as folhas "soltas" para manuseio (exceto na lateral de encadernação). Vamos nos aprofundar nesses processos para entender melhor a aplicação dos cadernos.

5.3.2
Encadernação

No tópico anterior você viu como as folhas são ordenadas e compostas de modo a formar o impresso completo. Agora, você vai entender de que forma é possível manter essas diversas páginas juntas. Existem diversos processos de encadernação, cada um mais apropriado para o tipo de papel, a quantidade de páginas e a finalidade de uso. A seguir, vamos abordar os mais utilizados na indústria gráfica.

A primeira e mais simples forma de apresentar um impresso é no formato **autoencadernado**, como explicam Ambrose e Harris (2009). Os autoencadernados nada mais são do que folhas dobradas de modo especial, formando um impresso menor que se expande e revela mais informações ao ser desdobrado. Pense nos mapas e panfletos informativos, que podem ser abertos e reencadernados pelo próprio leitor. Essas dobras podem se apresentar em diversos formatos: o mais comum é o sanfonado, com dobras paralelas que alternam direções opostas, fazendo com que o impresso seja lido de maneira sequencial e suas duas faces sejam aproveitadas. Outra dobra comum é a enrolada, que consiste em uma sequência de dobras do tipo vale uma sobre a outra, revelando o conteúdo aos poucos (confira as dobras sanfonada e enrolada na Figura 5.7, a seguir).

Figura 5.7 Dobras sanfonada e enrolada

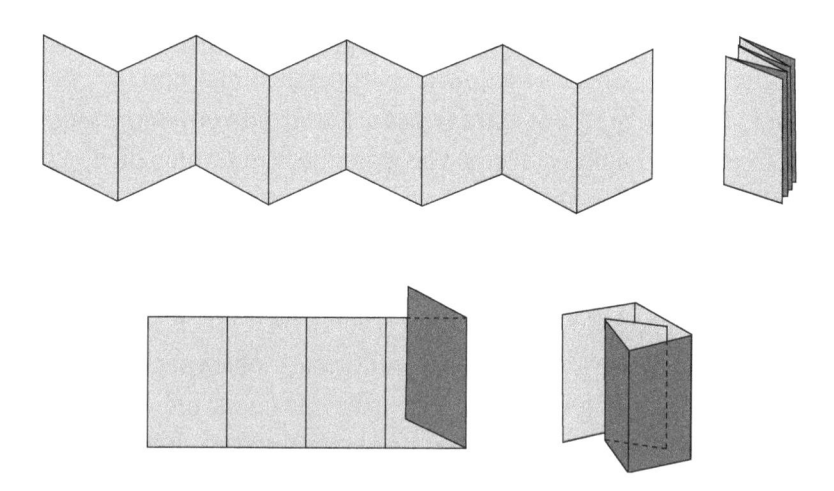

Fonte: Ambrose; Harris, 2009, p. 140.

É importante destacar que, nesses casos, um papel muito espesso pode prejudicar o acabamento, deixando as dobras abertas e não compactas. Baer (2005) indica o máximo de dobras (tanto para autoencadernados quanto para a confecção de cadernos brochura, que abordaremos a seguir) indicadas de acordo com a gramatura do papel (Quadro 5.1).

Quadro 5.1 Quantidade de dobras por gramatura de papel

Gramatura	Cruzadas	Paralelas [Enroladas]	Sanfonadas
100 g/m²	4	4	5
120 g/m²	3	3	4
170 g/m²	2	2	3
300 g/m²	1	1	–

Fonte: Baer, 2005, p. 230.

A próxima técnica também se inicia com uma dobra: a canoa. Villas-Boas (2010) explica que a lombada **canoa**, também chamada de *cavalo* ou *dobra e grampo*, é a utilizada em revistas, que consiste na dobra central das folhas, com o acréscimo de grampos para fixação. É utilizada em impressos com poucas páginas, desde que elas sejam múltiplas de 4, pois em cada face da folha são impressas duas páginas, totalizando quatro. Considerando a montagem da revista, uma das particularidades desse processo é que a primeira página é impressa ao lado da última e, no verso da folha, a segunda página é impressa ao lado da penúltima. A lógica segue, alternando as páginas iniciais ao lado das finais, até que as páginas centrais se encontrem no *spread* (página dupla). Essa distribuição pode ser um pouco confusa para os pouco experientes, mas, felizmente, hoje em dia os próprios *softwares* fazem a distribuição de páginas para esse processo.

Além de ser um processo de encadernação por si só, a lombada canoa pode ser um acabamento preliminar para encadernações do tipo **brochura**. Isso porque, conforme explica Fernandes (2003), a maioria dos impressos de múltiplas páginas, como livros, são compostos por pequenos cadernos de 16 páginas. Esses cadernos são costurados ou grampeados e depois agrupados para formar o impresso completo. Por isso não existem livros com um número ímpar de páginas – quando necessário, são acrescentadas páginas em branco, em conjunto com as páginas de rosto (apresentação da obra) e o colofão (página final, com informações sobre os materiais e local de impressão), para arredondar o número de folhas.

Na **brochura costurada**, os cadernos são ordenados e agrupados para formar o miolo (processo chamado de *alceamento*) e fixados por meio de costuras centrais ou laterais (Figura 5.8). Essas costuras são reforçadas por uma camada de cola, revestidas por uma gaze e uma faixa de papel *kraft*, formando a lombada. Para finalizar o acabamento, nas suas extremidades é aplicado o cabeceado, um tipo de cordão têxtil (Baer, 2005).

Figura 5.8 Cadernos costurados para formar a lombada completa de um livro

Há ainda a **brochura colada**, também chamada de *hot melt* ou *perfect binding*. Ambrose e Harris (2009) explicam que, nesse processo, as folhas são agrupadas para formar o miolo e unidas por uma camada lateral de cola flexível. Essa cola as une à capa e dispensa a costura para fixação. A técnica é muito utilizada para revistas e impressos com papel de baixa gramatura e poucas páginas, pois o uso de papéis muito rígidos ou o excesso de folhas pode provocar o descolamento no manuseio do impresso.

Nesse sentido, é preciso considerar as características do papel ao calcular o tamanho da lombada, pois esta é uma informação essencial para o desenvolvimento da arte da capa, que costuma ter a indicação de título e autor na área da lombada para fácil consulta em prateleiras. Quanto maior o número de folhas, maior a lombada final. O mesmo ocorre em relação à gramatura – quanto mais espessa a folha, maior a altura da lombada. Entretanto, é importante lembrar que, mesmo com gramatura idêntica, os papéis podem ter espessuras diferentes em razão dos processos de acabamento aos quais são submetidos.

Ambrose e Harris (2009) citam também a encadernação **espiral** como uma alternativa rápida e de custo reduzido. Sua principal vantagem é possibilitar que o impresso se abra totalmente. Entretanto, a lombada fica visível e as perfurações podem prejudicar a estética do conteúdo, se não planejadas com antecedência. Ela pode ser feita com espirais simples, de plástico ou metal revestido, ou com os anéis duplos de metal, chamados *wire-o*. O acabamento do *wire-o* (Figura 5.9) é mais sofisticado, usado para calendários e agendas especiais. Além disso, ele não precisa necessariamente ter furos contínuos, podendo ser preso individualmente. As espirais metálicas, por sua vez, são muito associadas a cadernos escolares e as espirais de plástico às fotocópias, por isso são pouco utilizadas em impressos industriais.

Figura 5.9 Encadernação espiral *wire-o*

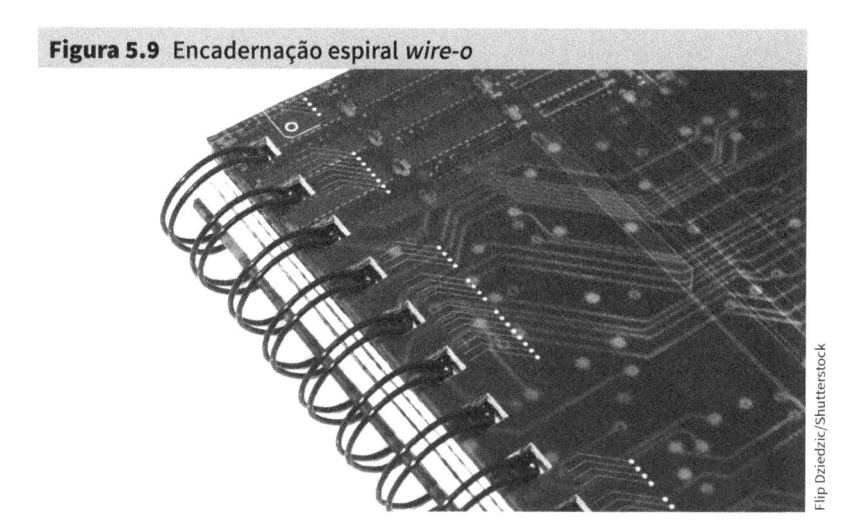

Flip Dziedzic/Shutterstock

A **capa dura** não é um processo de encadernação em si, mas um acabamento que pode integrar diferentes encadernações. O mais comum é encontrar a capa rígida em brochuras, como boa parte dos livros e cadernos, entretanto, muitas vezes ela também é utilizada com a encadernação espiral *wire-o* como forma de valorizar e proteger o impresso. Segundo Fernandes (2003), a capa dura é composta por três pedaços de papelões de sustentação: dois do mesmo tamanho, para capa e contracapa, e um no tamanho da lombada. Esses pedaços de papelão são revestidos com papel, adesivo ou até mesmo tecido contendo a arte desejada. Para dar o acabamento interno das bordas que foram dobradas, é utilizada a **folha de guarda**, que também é o que prende a capa ao miolo do livro. A Figura 5.10 a seguir exemplifica cada um desses termos.

Figura 5.10 Nomenclatura utilizada para impressos encadernados

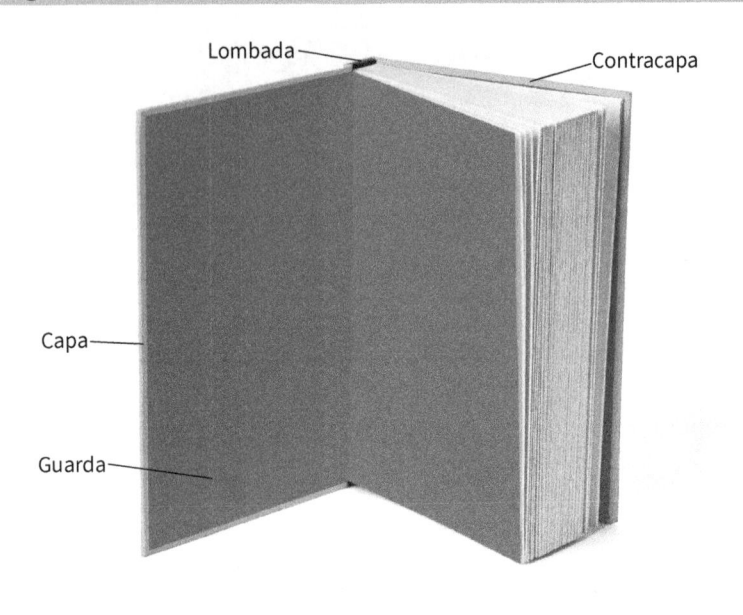

- Lombada
- Contracapa
- Capa
- Guarda

Picsfive/Shutterstock

Ambrose e Harris (2009) ainda citam como formas alternativas de encadernação: a sem capa, com a costura de lombada exposta; com cinta, geralmente utilizada para envolver impressos dobrados; com costura decorativa (pesponto aparente); com elástico, que une as folhas à capa rígida; e clipes plásticos, geralmente utilizados em furos, como alternativa à espiral. Isso confirma que, como destacamos anteriormente, cada vez mais os processos artesanais – ou pelo menos com essa estética – vêm se tornando alternativas de personalização para pequenas tiragens. Entretanto, no que diz respeito a grandes tiragens, podemos considerar como processos industriais principais os que abordamos aqui, e que estão resumidos no quadro de síntese ao final do capítulo.

5.4
Acabamento cartotécnico

Os processos de encadernação são aplicáveis a impressos informativos e promocionais, como livros, revistas, encartes, entre outros. Entretanto, o produto gráfico publicitário também pode se enquadrar na categoria de embalagens, sejam elas sacolas, cartuchos ou caixas. Esse tipo de produto também pode receber todo tipo de acabamento especial, conforme vimos no início do capítulo, mas, em sua montagem, acabam passando por processos específicos, de corte e vinco, dobra e colagem, que vão garantir qualidade e funcionalidade.

Por exemplo, Baer (2005) explica que os sacos e sacolas são feitos sempre com bobinas, tanto de papel (em geral *kraft*, com gramatura variando entre 30 e 120 g/m²) quanto de plástico. Após o processo de impressão rotativa, forma-se um tubo, que é cortado em pedaços, e cada uma dessas unidades tem seu fundo dobrado e colado mecanicamente.

Os cartuchos, que são as caixas leves e dobráveis, costumam ser feitos de cartão, variando entre 160 e 250 g/m². O material para esse tipo de produto gráfico deve ser leve, porém rígido para manter seu formato e resistente para proteger seu conteúdo. Após a impressão, o cartão passa pela faca especial, que o corta e vinca no formato do cartucho, conforme vimos anteriormente. Em geral, a montagem só é feita após o transporte, para melhor aproveitamento do espaço.

Além dos cartuchos, também existe a opção das caixas de papelão ondulado ou não ondulado. As de papelão ondulado são mais utilizadas para transporte, pois são amortecedoras de impacto, e costumam ser montadas por encaixe, e não coladas. As de papelão não ondulado, por sua vez, podem ser montadas com cola, grampo ou fita adesiva, e são muito utilizadas para produtos alimentícios, calçados, entre outros.

Síntese

Neste capítulo, tratamos dos principais acabamentos aplicados a produtos gráficos, desde os mais básicos até os especiais, que agregam valor ao impresso – por isso, embora eleve os custos de produção, muitas vezes o investimento em acabamentos especiais é compensado pelo resultado visual sofisticado obtido. Relembre os principais tipos de acabamento, suas características e aplicações no Quadro 5.2 a seguir.

Quadro 5.2 Principais tipos de acabamento

Acabamento	Características	Aplicações
Faca especial	Corte, vinco e serrilhado em formatos especiais, inclusive vazados	Embalagens, cartões de visita, impressos especiais
Relevo seco	Prensagem do papel (gramatura alta) entre dois clichês metálicos, fazendo uma impressão tridimensional	Chancelas, marca-d'água
Relevo americano	Aplicação de pó metalizado que polimeriza na estufa, formando um relevo rugoso	Convites
Hot stamping	Prensagem tipográfica a quente sobre película metálica	Capas de livros e revistas
Laminação	Revestimento com películas para proteção e efeitos especiais	Cartões de visita, capas de livros e revistas
Verniz	Aplicação geral ou localizada nos acabamentos brilho, fosco, acetinado ou de efeitos especiais	Cartões de visita, capas de livros e revistas

Fonte: Elaborado com base em Ambrose; Harris, 2009; Baer, 2005; Fernandes, 2003; Villas--Boas, 2010.

No que diz respeito aos impressos editoriais – como livros, revistas e catálogos –, incluímos como acabamento o processo de encadernação. Existem diversas técnicas que podem ser aplicadas de acordo com o tipo de papel, a quantidade de páginas e a intensidade de manuseio do impresso. Vamos recordá-las no Quadro 5.3 a seguir.

Quadro 5.3 Principais tipos de encadernação

Processo	Características	Restrições técnicas	Aplicações
Autoencadernado	Folha única com dobras paralelas ou sanfonadas	Número de dobras de acordo com a gramatura do papel	Mapas, fôlderes informativos
Canoa	Agrupamento de folhas com uma dobra central e aplicação de grampos na dobra	Número de páginas múltiplo de 4; não indicado para papéis de alta gramatura	Revistas, miolo de brochura
Brochura costurada	Composta de conjuntos de cadernos costurados pela lombada	Geralmente conta com cadernos de 16 páginas	Livros e impressos com muitas páginas
Brochura colada	Composta de conjuntos de cadernos colados pela lombada	Não indicado para papéis de alta gramatura ou impressos com muitas páginas	Livros com poucas páginas, blocos
Espiral comum	Aplicada ao longo de uma lateral perfurada; permite a abertura total do impresso	Furos invadindo o impresso, menor resistência ao manuseio	Cadernos escolares, fotocópias encadernadas
Espiral wire-o	Arco duplo de metal aplicado em furos contínuos ou não; permite a abertura total do impresso	Furos invadindo o impresso	Calendários, agendas, cadernos

Fonte: Elaborado com base em Ambrose; Harris, 2009; Baer, 2005; Fernandes, 2003; Villas-Boas, 2010.

Finalmente, abordamos o acabamento cartotécnico, destinado às embalagens. Por serem confeccionadas em cartão ou papelão, elas têm particularidades de corte e vinco, além de exigirem montagem e, muitas vezes, colagem – processo que pode ser automatizado.

Encerramos aqui o estudo das etapas do processo de produção gráfica em si. No último capítulo, a seguir, vamos tratar de aspectos práticos desse processo, como a comunicação com os prestadores de serviço, incluindo orçamentos e controle de qualidade, e da sustentabilidade na indústria gráfica.

Questões para revisão

1) Explique a diferença entre as técnicas de relevo seco, relevo americano e *hot stamping*.

2) Cite as principais técnicas de encadernação, apontando suas características e um exemplo de impresso no qual possam ser aplicadas.

3) (UFMG – Concurso Público UFMG 2015 | Técnico de Artes Gráficas / Acabamento)

   A editora SANIMED solicitou a produção de dois (2) títulos de livros, ambos com 192 páginas no formato 15 × 21 cm, impressão monocromática (preto), destinados a públicos diferentes, no entanto, utilizariam a mesma capa. O livro "I" foi impresso em papel offset 120 g/m² e o livro "II" foi impresso em papel couchê liso 120 g/m², ambos utilizando a mesma capa, impressa em papel supremo 310 g/m². Durante a execução do acabamento, constatou-se que o livro "II" possuía uma lombada menor que o livro "I" aproximadamente ≈3 mm menor. Tal diferença comprometeu a aplicação da mesma capa nos dois livros.

Assinale a alternativa cujo motivo para o problema está CORRETO.

a) A diferença da lombada de papéis de mesma gramatura se deu em função de um erro no cálculo da lombada dos livros.
b) Mesmo quando possuem a mesma gramatura, papéis revestidos possuem espessura menor que os papéis offset; por consequência, geram lombadas menores.
c) Papéis couchê são mais pesados que papéis offset, consequentemente provocam mais pesos sobre as fibras, gerando uma lombada menor.
d) Papéis não revestidos tendem absorver mais umidade no momento impressão, por essa razão incham as fibras, gerando uma lombada maior.

4) (UFMG – Concurso Público UFMG 2015 | Técnico de Artes Gráficas / Acabamento)

Entre as operações de corte linear, há:

I) Refile (refilo).
II) Corte tri-lateral.
III) Corte duplo.
IV) Corte intermediário.
V) Corte inicial.

Para as operações listadas, estão relacionadas as definições descritas nesse tópico:

a) Corte necessário para a finalização do impresso, com o qual se eliminam as marcas oriundas da etapa de impressão.
b) Operação aplicada para abrir ou aparar materiais editoriais paginados, para a qual necessita-se de uma guilhotina específica.

c) Operação que consiste na divisão de uma folha inteira em formatos menores a partir de uma folha inteira conhecida como formato 1.

d) Etapa de corte com a qual se prepara um material impresso para execução de acabamentos, tais com dobra, encadernação e outros.

e) Tipo de corte utilizado, em especial, para separar materiais cujas imagens apresentam motivos diferentes, e uma abertura entre as peças gráficas.

Marque a opção em que a relação entre as nomenclaturas da primeira coluna e as definições da segunda coluna estão CORRETAS.

a) I – A, II – B, III – E, IV – D, V – C.
b) I – A, II – C, III – B, IV – D, V – E.
c) I – E, II – D, III – C, IV – B, V – A.
d) I – B, II – A, III – C, IV – E, V – D.

5) (UFMG – Concurso Público UFMG 2015 | Técnico de Artes Gráficas / Acabamento)

Algumas publicações recebem uma sequência de dobras sanfonadas, permitindo uma leitura sequencial das páginas e, na medida em que o leitor avança na utilização do material, vai dobrando novamente a publicação. Esse modelo de encadernação é denominado

a) encadernação sem costura.
b) encadernação sanfonada.
c) autoencadernação.
d) encadernação interativa.

6
Aspectos práticos da produção gráfica

Conteúdos do capítulo:

- Tipos de gráfica.
- Especificações técnicas para orçamento.
- Provas de impressão.
- Controle de qualidade de impressos.
- Sustentabilidade e produção gráfica.

Após o estudo deste capítulo, você será capaz de:

1. distinguir os tipos de gráfica;
2. elaborar uma solicitação de orçamento;
3. verificar a qualidade de impressos e de provas de impressão;
4. discorrer sobre a sustentabilidade na produção gráfica.

Ao longo dos últimos capítulos, você pôde compreender como se dá o processo produtivo gráfico, desde a concepção do projeto, passando pela elaboração e finalização da arte, até chegar aos procedimentos de pré-impressão, impressão e pós-impressão. Agora, vamos amarrar esses conhecimentos abordando alguns aspectos práticos e recorrentes no dia a dia dos profissionais da publicidade que lidam com impressos.

Primeiramente, vamos tratar do relacionamento entre agência e gráfica, identificando os perfis de fornecedores de acordo com sua capacidade produtiva. Vamos também relembrar o conteúdo dos capítulos anteriores para identificar o tipo de especificações técnicas que devem ser feitas em uma solicitação de orçamento, de modo a obter uma cotação completa e correta.

Vamos ainda explorar os parâmetros de qualidade em cada uma das etapas da produção gráfica, reconhecendo os diferentes tipos de prova utilizadas ao longo do processo e o que deve ser avaliado em cada uma delas de modo a garantir os resultados mais satisfatórios para os clientes.

Finalmente, vamos abordar a questão da sustentabilidade na indústria gráfica, discutindo seus impactos ambientais, econômicos e sociais, e a responsabilidade da criação publicitária nesse contexto – uma reflexão indispensável para os profissionais contemporâneos.

6.1
Gráficas

Ao longo dos capítulos, você deve ter percebido que a relação próxima entre agência e gráfica pode garantir a qualidade de um projeto, bem como evitar imprevistos ou desentendimentos. Recomendamos que se estabeleça uma relação de parceria com esse fornecedor, conhecendo de perto sua estrutura para ter confiança de que ele terá condições de atender ao pedido com os processos e prazos adequados. As visitas da equipe de criação à gráfica são produtivas num momento inicial e para acompanhamento, mas é comum também que a própria gráfica envie um profissional à agência para atendimento personalizado.

Além disso, o bom relacionamento entre os profissionais de ambos os lados é essencial para o andamento do projeto. Ao mesmo tempo que *designers* e publicitários devem reconhecer que detêm menor conhecimento técnico do que os gráficos, é importante que afirmem sua competência ao fazer solicitações conscientes.

A respeito da estrutura das gráficas, Villas-Boas (2010) explica que cada uma tem suas especialidades e particularidades, podendo ser classificada como grande, média, pequena e rápida. O tamanho do projeto e o orçamento disponível é que determinam o tipo de gráfica que será a prestadora de serviço.

As **gráficas grandes** apresentam boa estrutura e variedade de maquinário, tanto de impressão quanto de acabamento, geralmente contando com tecnologia de ponta. Esse tipo de fornecedor garante maior qualidade e cumprimento de prazos, e os processos são realizados internamente, com o acompanhamento de profissionais especializados. Isso quer dizer que dificilmente a equipe de criação terá de fazer o acompanhamento da produção, pois os processos são bastante padronizados e controlados. A única restrição ao trabalhar com esse tipo de fornecedor são os custos mais altos e a tiragem, que deve ser correspondente.

As **gráficas médias** são mais econômicas e costumam ter diferentes opções de maquinário para atender a serviços de complexidade e orçamento variáveis. Entretanto, a quantidade dessas máquinas é menor em comparação às grandes gráficas, o que pode prolongar alguns prazos de entrega.
As gráficas médias são capazes de fornecer trabalhos de boa qualidade, mas os processos não costumam ser tão padronizados quanto nas grandes, tornando o acompanhamento de produção e controle de qualidade uma precaução necessária. Além disso, nem sempre elas contam com todos os tipos de acabamento, e pode ser necessário terceirizar alguns serviços.

As **gráficas pequenas** podem ser uma alternativa de baixo custo para projetos mais simples, que não envolvam maquinário avançado de impressão nem soluções de acabamento diferenciadas. Entretanto, o controle de qualidade costuma ser bastante deficitário, podendo ser comuns problemas derivados da calibragem de cor e do armazenamento incorreto dos materiais. Por isso, o acompanhamento de produção é essencial para garantir a qualidade do produto final.

Finalmente, as **gráficas rápidas** trabalham essencialmente com processos de impressão digitais, podendo oferecer desde impressos simples, em tamanhos padronizados, até a impressão de *banners*, plotagens de plantas arquitetônicas e produtos diversos impressos por transferência sublimática.

Embora, em geral, tenham pequeno porte, o controle de qualidade do serviço digital é mais fácil, garantindo bons resultados. Em altas tiragens, o processo digital ainda acaba sendo mais caro que os convencionais, por isso as gráficas rápidas são mais utilizadas para pequenos projetos. É importante diferenciar as gráficas rápidas das copiadoras, que muitas vezes utilizamos no dia a dia para serviços de impressão e reprodução. Embora ambas ofereçam o serviço de impressão digital, as copiadoras não têm condições de atender a pedidos maiores.

É importante reforçar algumas precauções que devem ser tomadas ao contratar uma gráfica. Mesmo no caso de fornecedores de confiança, não é aconselhável acreditar cegamente que a qualidade de uma nova entrega será tão boa quanto a anterior, pois fatores como o volume de serviços e a rotatividade de profissionais podem impactar o serviço. Assim, o acompanhamento da produção é essencial, mesmo quando já se conhece o fornecedor de perto.

Além disso, o ideal é sempre fazer orçamento em pelo menos três gráficas (de qualidade reconhecida, é claro), pois os preços são nivelados de acordo com a demanda de trabalho que elas recebem – quando têm poucos clientes para atender, as gráficas baixam o preço para evitar ficar com máquinas paradas, mas se já estão com alta demanda, normalizam ou até mesmo sobem seus preços para encaixar pedidos.

Falando nisso, agora que você já conhece melhor os materiais e processos utilizados na produção gráfica, deve dominar as especificações necessárias para orçar um projeto. Vamos nos aprofundar nesse assunto a seguir.

6.2
Especificações técnicas para orçamento

Ao final do processo criativo de um projeto na agência, a equipe já tem em mente o resultado final esperado. Entretanto, para calcular os custos de produção, essas ideias e estimativas devem se materializar na definição clara de quantidades, materiais, processos e demais especificações técnicas. Um orçamento sem as especificações corretas pode atrasar o processo, pois o fornecedor terá de retornar o contato para tirar dúvidas antes de elaborar o documento. Ou pior, o fornecedor poderá tirar suas próprias conclusões sobre o que não foi especificado, o que pode gerar um resultado diferente do esperado ou até mesmo uma futura cobrança adicional para resolver o mal-entendido.

Como é de se esperar, o primeiro fator de influência em um orçamento é o material utilizado. Suportes mais sofisticados, como papéis de alta gramatura e com acabamentos superficiais diferenciados encarecem o produto final, assim como as tintas especiais. Por isso, o profissional criativo deve entender suficientemente dos materiais gráficos para não correr o risco de escolher materiais caros que não agreguem valor percebido ao projeto nem optar por materiais de baixo custo, mas que não atendam às expectativas funcionais e estéticas do produto.

Entretanto, não é somente a escolha do suporte que determina o melhor custo-benefício: o aproveitamento dos impressos na folha é o que determina o consumo de material, conforme destacamos no Capítulo 4. Assim, as dimensões do impresso podem modificar drasticamente a quantidade de material necessário e, consequentemente, o valor orçado. Conhecendo o formato de papel utilizado pela gráfica, é possível fazer o cálculo de aproveitamento prévio e já enviar a solicitação nas dimensões mais proveitosas, pois, embora alguns profissionais gráficos façam sugestões de ajustes nas especificações do produto para obter melhor aproveitamento, não podemos garantir que eles sempre terão essa preocupação.

O número de cores também é um fator de grande influência nos processos de impressão convencionais (não digitais). Isso porque cada cor requer a confecção de uma matriz diferente, configurando mais uma entrada na máquina. Assim, cada cor acrescenta custo e tempo de execução. Nesse sentido, a tiragem também interfere no valor de um projeto, principalmente porque as matrizes físicas representam um custo fixo alto. Esse custo para a confecção das matrizes é dividido pelo número de impressos, como um dos componentes do custo unitário. Assim, quanto maior a quantidade, mais diluído será esse valor. Além disso, ao comprar papéis e tintas em grandes lotes, a gráfica também consegue reduzir seu custo, podendo repassar esse desconto ao cliente.

É preciso lembrar também que qualquer tipo de acabamento acrescentado ao impresso configura um custo adicional. Um impresso aparentemente simples, como um cartão de visitas, pode incluir processos de corte especial, laminação fosca, verniz localizado brilho e relevo americano. Isso sem falar dos livros, que podem contar com todos esses acabamentos na capa, mais o processo de encadernação.

Portanto, ao solicitar um orçamento a uma gráfica, é necessário saber com segurança todas as características do impresso. Qualquer alteração em uma das especificações citadas provavelmente terá grande impacto no valor final, principalmente em tiragens grandes, por isso a solicitação do orçamento é uma tarefa de grande responsabilidade. Conforme os profissionais criativos vão adquirindo mais experiência, a atividade é cada vez mais fácil e natural.

O Quadro 6.1 a seguir apresenta um resumo dessas informações, que pode servir como guia de consulta rápida.

Quadro 6.1 Guia para solicitação de orçamento

Informações básicas	
Título do projeto	Nome do projeto, cliente ou descrição que o diferencie dos demais
Contato	Nome, *e-mail* e telefone do profissional criativo a ser contatado em caso de dúvida
Tipo de trabalho	Especificar o tipo de impresso (livro, folheto, cartaz etc.)
Processo	Processo de impressão desejado
Tiragem	Quantidade de impressos completos ao final
Encadernação (se houver)	Tipo de encadernação final (brochura, canoa, espiral etc.)
Informações do miolo ou lâminas soltas	
Número de páginas	Quantidade de páginas contidas em cada impresso completo. No caso de lâminas soltas, é o mesmo que a tiragem.
Formato aberto	Medida total da revista ou livro aberto. No caso de lâminas soltas, é a própria medida do impresso após refile.
Formato fechado	Medida do impresso após as dobras (se houver).
Cores	Número de cores em cada face (1×0, 4×0, 4×4 etc.). Especificar se haverá uso de cores especiais.
Papel	Especificar tipo, gramatura e demais características de acabamento do papel. Determinar se será fornecido pelo cliente ou se deverá ser providenciado pela gráfica.
Acabamentos	Acabamentos básicos (refile ou dobra) ou especiais (faca especial, verniz, laminação etc.). Especificar se serão aplicados no impresso completo ou em páginas específicas (quantidade).

(continua)

(Quadro 6.1 – conclusão)

Informações da capa (se houver)	
Formato aberto	Medida total da capa aberta
Formato fechado	Medida da capa após a encadernação.
Cores	Número de cores (1 × 0, 4 × 0, 4 × 4 etc.). Especificar se haverá uso de cores especiais.
Material	Especificar tipo e características do papel ou capa dura. Determinar se será fornecido pelo cliente ou se deverá ser providenciado pela gráfica.
Acabamentos	Acabamentos especiais (faca especial, verniz, laminação etc.).
SOLICITAÇÕES	
Prazo	Solicitar informações sobre o prazo de entrega
Condições de pagamento	Solicitar informações sobre pagamento (data de faturamento, parcelamento, pagamento de sinal etc.)
Validade	Solicitar informações sobre a validade da oferta.

Fonte: Elaborado com base em Villas-Boas, 2010.

Confira esse conhecimento aplicado nos exemplos a seguir:

Solicitação de orçamento

Cartão de visitas Restaurante Restô

Contato: Maria Silva | (00) 0000-0000 | maria@agencia.com

Tipo de impresso: cartão de visitas

Processo: *offset*

Tiragem: 1.000 unidades

Formato: 9 × 5 cm

Cores: 4 × 4

Papel: cuchê 300 g/m²

Acabamentos:

- Laminação fosca frente e verso
- Verniz local brilho frente
- Corte especial cantos arredondados

Favor informar:

- Prazo de entrega
- Condições de pagamento
- Validade da oferta

Solicitação de orçamento

Anuário Empresa Company

Contato: Maria Silva | (00) 0000-0000 | maria@agencia.com

Tipo de impresso: revista

Processo: *offset*

Tiragem: 10.000 unidades

Encadernação: brochura *hot melt*

Miolo:

Número de páginas: 80 p.

Formato aberto: 30 × 21 cm

Formato fechado: 15 × 21 cm

Cores: 4 × 4

Papel: cuchê brilho 115 g/m²

Acabamentos: refile

Capa:

Formato aberto: 30 + lombada × 21 cm

Formato fechado: 15 × 21 cm

Cores: 4 × 4

Papel: cuchê fosco 300 g/m²

Acabamentos:

- laminação perolizada frente
- *hot stamping* dourado frente (tamanho aproximado 8 × 3 cm)

Favor informar:

- Prazo de entrega
- Condições de pagamento
- Validade da oferta

Também é comum que as agências solicitem às gráficas diferentes versões do mesmo orçamento, variando materiais, processos ou quantidades para efeito de comparação. Pode ser solicitado, por exemplo, um orçamento para 5.000 e 10.000 unidades de uma sacola, pois em maior quantidade o custo final será mais elevado, porém o custo unitário será reduzido; ou um orçamento tanto para um papel de 300 g/m² quanto para um de 250 g/m², para verificar se a redução do custo é significativa; ou ainda, um orçamento considerando o processo *offset* e a rotogravura. Entretanto, é importante lembrar que nem sempre há alternativas, pois alguns produtos dependem obrigatoriamente de determinados materiais e processos para que sua qualidade seja garantida.

Definido o orçamento, é o momento da contratação do serviço. Como as produções costumam envolver tiragens grandes, é importante se certificar de que o produto final sairá exatamente como desejado, para não haver necessidade de refação, desperdício de materiais e, consequentemente, prejuízo para a gráfica e para o cliente. Para isso, são feitas provas e amostras de avaliação, conforme abordaremos no tópico a seguir.

6.3
Provas

Para qualquer material que será produzido em grande escala, é necessário fazer protótipos, ou pelo menos modelos de avaliação, que vão permitir identificar erros e possíveis problemas no produto. Na indústria gráfica, essas amostras são chamadas de *provas* e utilizadas em diversos momentos do processo produtivo.

A primeira prova a ser feita é a **prova de *layout***. Geralmente ela é feita na própria agência, quando as dimensões do trabalho permitem. Para isso, podem ser utilizadas impressões comuns, até mesmo monocromáticas, apenas para verificar a ortografia do texto, o tamanho das fontes, a distribuição dos elementos, as margens etc. Essa é uma etapa importante porque, muitas vezes, perdemos a noção de proporção real de um produto impresso ao analisá-lo apenas na tela do computador. Além disso, possíveis erros ortográficos são mais facilmente identificados no papel.

Aprovado o *layout*, devemos prosseguir com todo o detalhamento da arte-final, conforme vimos no Capítulo 2. Passando esses arquivos para a gráfica, os fotolitos podem ser avaliados e as matrizes podem ser confeccionadas e também testadas para efetuar as correções necessárias o quanto antes, sem grandes prejuízos.

Uma possibilidade de **prova de fotolito**, segundo Fernandes (2003), é o uso do sistema **Cromalin**, no qual as imagens correspondentes a cada fotolito são transportadas, uma de cada vez, para um papel-base. Esse papel recebe o pigmento em pó (por isso o processo também é chamado de *processo a seco*) e é recoberto com uma película sensível à radiação UV, que faz a polimerização da cor. O processo é repetido a cada nova camada de cor. Embora seja preciso na avaliação do encaixe, a diferença de tonalidade do pigmento e a interferência do brilho da película não permitem a avaliação fiel das cores no impresso final.

O autor aponta ainda como alternativa a chamada **prova de prelo**, realizada por meio da gravação de matrizes de menor custo e resistência. A prova é feita em uma máquina chamada *prelo*, que é reduzida, mas apresenta as mesmas características das máquinas de produção. O resultado desse processo de prova é o que chamamos de *progressivo* – uma sequência de folhas que apresentam primeiro as cores isoladas, em seguida as sobreposições das cores e, por fim, a imagem completa. Com isso, é possível verificar se as marcas de registro estão corretas e se as cores são sobrepostas sem nenhuma falha.

Há ainda a possibilidade de usar provas digitais, as **soft proofs**, que são mais baratas e apropriadas tanto para os processos de impressão digital eletrostática ou jato de tinta quanto para matrizes gravadas pelo processo CTP, que dispensam fotolitos intermediários.

Após a confecção das matrizes, Villas-Boas (2010) explica que a primeira prova realizada é a **prova heliográfica**, feita diretamente sobre as matrizes de impressão, para verificar se a imagem está bem revelada, se as cores estão alinhadas e se a imposição está correta (no caso de impressos de múltiplas páginas). É uma etapa inexistente no caso das impressões digitais.

A **prova de impressão** é aquela obtida após o ajuste de máquina, assinada tanto pelo gráfico quanto pelo contratante, que servirá como referência para o controle de qualidade da tiragem completa – por isso também pode receber o nome de *prova de contrato*. Ela já deve conter as linhas de corte, marcas de registro e de calibragem, informações do arquivo e sangria.

Finalmente, as **provas de acabamento** são aquelas feitas apenas nos casos em que há acabamentos especiais. Assim como ocorre com as amostras de impressão, são confeccionadas pelo menos duas amostras, que são apresentadas ao cliente para aprovação e servirão como referência para o controle de qualidade. Geralmente, na etapa de prova de acabamento, o produto gráfico já está em sua versão completa, como se fosse um protótipo perfeito do que está sendo produzido.

A confecção de provas em diversos momentos do processo de produção gráfica permite poupar tempo e, principalmente, dinheiro ao evitar ajustes de emergência nas etapas finais do processo, que incluem custos maiores de produção e desperdício de materiais. Além de oferecer essa segurança antes de rodar a tiragem completa, como destacamos anteriormente, as amostras também são o parâmetro utilizado para o controle de qualidade do lote de impressos, pois apresentam as características ideais do produto. Vamos agora tratar dessa etapa final do processo de produção gráfica.

6.4
Controle de qualidade

O controle de qualidade gráfico deve levar em consideração diversos fatores, como a qualidade das imagens, a legibilidade dos textos, a fidelidade das cores, o alinhamento dos cortes, a integridade dos materiais e o refinamento dos acabamentos e da encadernação.

Muitas vezes, o controle de qualidade é associado à avaliação do produto final de acordo com os parâmetros pré-estabelecidos pelo modelo de prova. Entretanto, o controle de qualidade não pode ser feito somente ao final da produção, pois a qualidade deve estar presente no decorrer do processo para que se materialize no produto. Assim, cada etapa do processo gráfico deve contar com algumas precauções para evitar o acúmulo de falhas e possíveis retrabalhos.

Primeiramente, é importante analisar criteriosamente a arte-final, para que ela seja enviada para produção sem nenhuma falha, evitando desentendimentos e tempo adicional para refação e reenvio dos arquivos. Tratamos de todas essas atividades no Capítulo 2, mas é importante reforçar seu impacto na qualidade do impresso.

Em primeiro lugar, é necessário verificar se os arquivos estão nas dimensões corretas e com o perfil de cores apropriado. Villas-Boas (2010) cita a não conversão para o perfil CMYK como um problema muito comum e de responsabilidade da equipe de criação. É necessário também verificar se todas as imagens utilizadas estão na resolução mínima de 300 dpi e se as menores fontes estão em tamanho legível.

Sempre que possível, os arquivos devem ser enviados fechados, ou seja, em formatos como o PDF, que preservam suas características e sua qualidade sem permitir edições – sejam elas voluntárias, sejam acidentais, por incompatibilidade de *software*. Eles também devem, preferencialmente, já conter as marcas de registro e de corte, barras de controle e sangra. Essas opções são encontradas no menu "Exportar" ou "Imprimir" de todos os *softwares* gráficos.

No que diz respeito às provas em si, é necessário observar se a ordenação das páginas está correta, se há nitidez nos textos e detalhes, se há efeito *moiré* ou qualquer comprometimento na qualidade das retículas e se existem manchas ou falhas, fatores que podem indicar problemas na gravação da matriz. O encaixe perfeito de cores na policromia é o **registro de cores** – por isso as marcas de referência utilizadas se chamam *marcas de registro* e, quando as cores não estão perfeitamente alinhadas, diz-se que o impresso está *fora de registro*, outro problema provavelmente derivado na gravação da matriz.

Também é necessário verificar a fidelidade das cores e se há manchas borradas, que podem ser derivadas de falhas no processo de impressão. Lembramos que, nesse momento, as barras de controle são um elemento importante na avaliação das cores ajustadas na máquina e do ganho de ponto de um impresso, o que também interfere na percepção de tonalidades, pois um ganho de ponto alto deixa o impresso mais escuro.

Possíveis surpresas no resultado das cores podem ser evitadas com a correta calibragem dos monitores e impressoras. Martins (2009) explica que os *softwares* de edição e editoração vêm com algum tipo de CMS (*Color Management System*), um sistema de gerenciamento de cores. Ele é responsável pela padronização dos perfis de cores em diferentes *softwares* e dispositivos, permitindo maior consistência em todo o processo.

Determinando um perfil no CMS, os dispositivos – monitores, *scanners* e impressoras – são calibrados por ele. Para os monitores, esse processo é feito por meio de *softwares* que auxiliam a configurar brilho e contraste, tons RGB, de cinza e o ponto branco. Essas configurações são muito visuais, então é preciso tomar o cuidado de limpar o monitor, deixá-lo aquecer por pelo menos uma hora e utilizar um fundo neutro, que não interfira na visualização das cores. Para a impressora, o ideal é ter uma escala de cores padronizada para comparar as amostras até atingir a fidelidade desejada. Geralmente, as gráficas já contam com perfis de cores definidos e utilizam instrumentos como o densitômetro para capturar e definir os tons com maior precisão.

Villas-Boas (2009) complementa com outros fatores que podem comprometer a fidelidade das cores no impresso:

- **A escolha do suporte**, pois em processos como *offset* e flexografia utilizamos tintas translúcidas, que são diretamente influenciadas pela cor base.
- **O brilho da superfície**, que tende a deixar as cores mais vivas, enquanto os papéis mais foscos apresentam um resultado oposto.

- **O carregamento da tinta**, de responsabilidade do profissional gráfico, que pode ser um problema especialmente grave em policromias, pois a quantidade excessiva de uma das quatro cores contamina as demais e influencia o resultado geral – existe certa tolerância para variações de cor dentro da mesma tiragem, mas qualquer diferença excessiva deve ser observada com atenção para o reajuste da máquina.

Outro aspecto importante a ser avaliado é a integridade dos materiais. Dependendo da maneira como os suportes são transportados e armazenados, podem surgir vincos e manchas que prejudicam o aspecto final do impresso. Além disso, a aplicação ou a cura incorreta das tintas, vernizes e colas podem gerar bolhas, comprometendo o acabamento. Assim, é importante conhecer o fornecedor para garantir que ele segue os procedimentos de qualidade corretos em seus processos.

Perguntas & respostas

Existem normas específicas para a qualidade dos impressos?

A norma ISO 12647-2, datada de 2013, é a referência para os processos de separação de cores, produção de provas e gravação de matrizes para impressos em policromia. Uma gráfica que conta com essa certificação certamente apresenta maior garantia de qualidade em sua entrega, além de ganhar em eficiência e produtividade por reduzir a necessidade de ajustes e o excesso de provas.

6.5
Sustentabilidade na indústria gráfica

Há alguns anos, a sustentabilidade ainda era um assunto restrito aos meios acadêmicos, pouco compreendido e muito menos aplicado no dia a dia de pessoas e empresas. Hoje, após um intenso movimento de conscientização, o conceito já está amplamente difundido e as ações sustentáveis por parte das indústrias não são mais um diferencial, e sim uma obrigação diante dos olhos dos consumidores atentos.

O conceito de sustentabilidade foi consolidado pela Organização das Nações Unidas (ONU) em 1992, após a realização da Conferência das Nações Unidas sobre o Meio Ambiente e o Desenvolvimento. Nesse evento, os 179 países participantes assinaram a chamada *Agenda 21*, firmando um compromisso com o desenvolvimento sustentável, embasado em três pilares: o equilíbrio ambiental; a inclusão social; e o crescimento econômico. O **equilíbrio ambiental** visa à minimização dos resíduos e o uso de materiais, processos e meios de transporte de menor impacto ecológico. A **inclusão social** prioriza a redução das desigualdades sociais e a promoção de condições de vida dignas para toda a população. Finalmente, o **desenvolvimento econômico** é o que torna essas conquistas possíveis, pois deve haver um retorno financeiro que sustente todo o ciclo.

Entre esses pilares da sustentabilidade, o mais discutido na indústria gráfica é o ambiental. As atividades industriais, de maneira geral, geram impactos significativos no meio ambiente, desde a extração de recursos naturais até a emissão de poluentes. No caso da indústria gráfica, em especial, Barbosa et al. (2009) apontam como aspectos ambientais a serem considerados: o consumo de matérias-primas; o consumo de água; o consumo de energia; a geração de efluentes líquidos; a geração de resíduos sólidos; as emissões atmosféricas; os ruídos e vibrações.

As principais **matérias-primas** utilizadas pela indústria gráfica são as chapas usadas para a confecção das matrizes de impressão; os substratos, como o papel; e os insumos químicos, como tintas, vernizes e adesivos. O impacto gerado por elas deriva não apenas de sua aplicação no processo, mas também da produção e do transporte do material. As matrizes, por exemplo, são quase sempre metálicas e não podem ser reutilizadas, embora possam ser recicladas. Quanto aos suportes, principalmente papéis, devem ter origem rastreada e provir do manejo florestal adequado. Embora o papel seja facilmente reciclável, também é necessário evitar ao máximo seu desperdício por meio de perdas no corte – o mesmo se aplica aos polímeros e tecidos, que têm processos de fabricação e reciclagem ainda mais complexos que os papéis. Em relação aos insumos químicos, o impacto gerado pelas tintas e vernizes à base de água é menor quando comparado ao dos produtos à base de solvente. Além de facilitar a limpeza dos equipamentos, os produtos à base de água geram menos resíduos e emissões atmosféricas – entretanto, ainda requerem o tratamento dos efluentes.

O **consumo de água e energia** também é um aspecto a ser considerado. Em comparação com outras indústrias, a gráfica não é grande consumidora de água, utilizando o recurso principalmente na limpeza dos equipamentos – entretanto, se considerarmos a indústria de papel e celulose, o consumo de água é bastante elevado e presente em todo o processo. Em termos de energia, o maquinário gráfico funciona à base de energia elétrica, e os equipamentos que envolvem algum processo térmico (como os destinados ao acabamento) consomem mais energia.

A **geração de efluentes** também está relacionada ao consumo de água. Além do esgoto convencional, alguns processos gráficos geram os chamados *efluentes industriais* – geralmente resultantes da limpeza das máquinas e do banho químico da gravação de matrizes. Esses efluentes, por apresentarem alta concentração de metais e substâncias químicas, ou pH fora de determinado padrão, não podem ser descartados na rede de esgoto sem tratamento prévio – que pode ser realizado na própria planta da gráfica ou em estações especializadas.

Os **resíduos sólidos** são uma preocupação maior para a indústria gráfica. A maior parte deles é gerada pelas aparas de produção, que são os restos dos materiais de suporte descartados após o acabamento. Embora não sejam resíduos nocivos ao meio ambiente, eles devem ser corretamente encaminhados para a reciclagem, de modo a minimizar o impacto do simples descarte. Além das aparas, também são consideradas resíduos sólidos as embalagens plásticas ou metálicas com resíduos de tintas, solventes e adesivos – estes, sim, nocivos ao meio ambiente quando não descartados da maneira correta.

No que diz respeito às **emissões atmosféricas**, a indústria gráfica gera compostos orgânicos voláteis que evaporam dos insumos químicos, como tintas, vernizes e adesivos à base de solventes. Além disso, processos que, mesmo em emissão indireta, utilizam a queima de combustíveis fósseis – como a utilização de empilhadeiras, alguns sistemas de refrigeração e o transporte do material até o cliente – devem ser considerados como emissores de gases que agravam o efeito estufa.

Finalmente, não podem ser descartados como aspectos ambientais os **ruídos** e as **vibrações** gerados pelo processo gráfico. Todo o maquinário utilizado na indústria gráfica gera ruído e vibração, seja devido ao funcionamento dos motores, seja pelas batidas das máquinas de corte e grampo. Existem normas que especificam os limites toleráveis para essas situações, e algumas medidas podem amenizar esses impactos, como a reorganização do *layout* e o uso de abafadores.

Ao analisar esses aspectos ambientais, é possível perceber que a maior responsabilidade pela redução dos impactos recai sobre a própria indústria e seus fornecedores. Entretanto, os profissionais criativos também têm o poder de tomar decisões estratégicas que vão ao encontro da sustentabilidade em seus projetos. Confira a seguir algumas boas práticas que podem ser implementadas dentro da agência visando à maior responsabilidade ambiental.

Boas práticas para o desenvolvimento de impressos com menor impacto ambiental

Dar preferência a fornecedores certificados e que apresentem processos ambientalmente responsáveis

É necessário confirmar que tanto os fornecedores de matéria-prima quanto os prestadores de serviço estejam comprometidos com a minimização dos impactos ambientais, o que pode ser feito consultando suas certificações ou simplesmente conhecendo suas instalações e seus processos. Um selo importante na indústria de papel e celulose é o FSC (*Forest Stewardship Council* – Conselho de Manejo Florestal), um sistema de certificação internacional que sinaliza produtos originados do bom manejo florestal. Emitido pela organização de mesmo nome, o selo FSC tem como objetivo orientar consumidores e empresas em suas decisões de compra. As gráficas ainda podem contar com a certificação ISO 14001, uma norma que regula a gestão ambiental de maneira geral, em todas as indústrias. Essas certificações são mais comuns em grandes empresas, por isso, ao trabalhar com fornecedores de menor porte, o ideal é ao menos consultar sua estrutura e seus processos para verificar se algumas questões essenciais são atendidas, como a destinação adequada dos resíduos sólidos e dos efluentes.

Dar preferência a fornecedores locais

Boa parte da emissão de gases que potencializam o efeito estufa vem do transporte de matéria-prima e de produtos manufaturados por meios que consomem combustíveis fósseis. Assim, ao optar por fornecedores locais, essas emissões são minimizadas, pois o deslocamento dos insumos até as gráficas e dos produtos impressos até a agência ou os clientes é reduzido.

Optar, quando possível, por matéria-prima de menor impacto ambiental

Como você viu ao longo deste livro, muitos fatores técnicos e estéticos devem ser levados em consideração na hora de escolher materiais e processos de impressão. Infelizmente, nem sempre é viável utilizar materiais reciclados ou tintas ecológicas – muitas vezes, eles podem representar um custo muito mais elevado do que as versões tradicionais, gerar incompatibilidade com o maquinário disponível ou não apresentar um resultado visual compatível com a proposta. Entretanto, é preciso lembrar que os insumos de menor impacto ambiental vão muito além do papel reciclado e da tinta à base de água – existem papéis que passam por processos de branqueamento menos agressivos e tintas que utilizam óleos vegetais, por exemplo. Sempre que possível, o ideal é consultar os fornecedores sobre essas alternativas que, embora não sejam ideais, já minimizam os impactos.

Otimizar as escolhas de materiais e processos de modo a reduzir desperdícios

Essa talvez seja uma das medidas mais simples a ser tomada no processo de criação e desenvolvimento. As escolhas feitas no planejamento gráfico podem impactar diretamente o aproveitamento da matéria-prima, o que gera tanto benefícios financeiros quanto ambientais. Conforme destacamos anteriormente, quando a área útil de impressão de uma folha é aproveitada ao máximo, o descarte de papel pela aparagem das bordas é reduzido ao mínimo necessário, além de demandar a compra de uma quantidade menor de papel. Ao optar por tintas, vernizes e películas padrão, a gráfica terá como aproveitar o restante do material em seus outros projetos – o que não ocorre, por exemplo, no caso do uso de uma tinta de cor especial, cuja sobra será descartada por não ter outra aplicação. É importante pensar na real necessidade de utilizar materiais de gramatura mais elevada – papéis mais finos consomem menos celulose, ocupam menos espaço e apresentam peso reduzido na hora do transporte, além de gerar menos resíduos. O mesmo ocorre com os papelões, que não precisam ser encorpados ou apresentar dupla onda se não houver real necessidade de proteção do conteúdo. Falando nisso, embalagens desnecessárias – como sacos plásticos, cintas de papel e caixas intermediárias – também devem ser evitadas.

Otimizar o tempo de vida do produto impresso

Papéis de gramatura mais fina apresentam vantagens ambientais, mas nem sempre eles são a melhor escolha para o projeto. Alguns produtos gráficos precisam, sim, da sofisticação dos papéis de alta gramatura – justamente para serem apreciados e conservados, e não rejeitados e facilmente descartados. Além disso, muitos impressos passam por manuseio intenso, e materiais pouco resistentes podem diminuir sua vida útil, requerendo a substituição por novos produtos e gerando maior impacto. Assim, quando o impresso tiver claramente uma função de comunicação efêmera, prevendo descarte rápido, é possível investir em materiais de menor impacto. Em impressos que podem ter um ciclo de vida mais longo, por sua vez, o ideal é pensar na durabilidade dos materiais e nas escolhas que podem gerar encantamento e criar um vínculo entre cliente e produto, evitando o descarte.

Realizar a distribuição consciente do material impresso

Os materiais impressos têm uma função essencial de comunicação, mas precisam encontrar as pessoas que estão abertas a receber essa mensagem. Assim, faz parte do planejamento estratégico da campanha identificar o público-alvo correto e a melhor maneira de atingi-lo. A distribuição indiscriminada de materiais de divulgação pode gerar um descarte imediato, sem que um processo de comunicação sequer tenha sido estabelecido. Ao identificar indivíduos, locais e situações propícios para a divulgação, o impresso pelo menos cumprirá sua função de comunicação antes de um possível descarte.

As outras facetas da sustentabilidade na indústria gráfica são menos discutidas, mas, analisando dados e estatísticas do setor, é possível observar que seu funcionamento produz grande impacto econômico e social. Segundo o relatório da Associação Brasileira da Indústria Gráfica (Abigraf, 2017), a indústria gráfica brasileira era composta de 19.999 empresas, responsáveis pela geração de 188.872 vagas de emprego e por 2,8% do PIB (Produto Interno Bruto) da indústria de transformação em 2016.

Em relação ao porte das gráficas, 81% dessas empresas se enquadram como microempresas (de 0 a 9 empregados) e 16,2% como empresas de pequeno porte (de 10 a 49 empregados). Apenas 2,4% se enquadram como médias (de 50 a 249 empregados) e 0,4% como grandes empresas (acima de 250 empregados). A indústria gráfica brasileira teve em 2016 um bom desempenho relativo à exportação de produtos – foram US$ 293 milhões, principalmente para países da América

Latina e para os Estados Unidos. Entretanto, as empresas ainda enfrentam competição dos importados no mercado nacional – foram US$ 257 milhões investidos principalmente em produtos editoriais e embalagens vindos da China.

Embora muitas dessas micro e pequenas empresas contem com equipamentos atualizados, o porte da operação impede que os serviços sejam totalmente automatizados, tornando necessária a contratação de mão de obra. Por isso, optar por fornecedores locais fortalece a economia nacional e contribui para a geração de empregos na comunidade, uma ação socialmente responsável.

Síntese

Nesta última parte do livro, pudemos mobilizar e integrar o conhecimento sobre materiais e processos gráficos adquirido nos capítulos anteriores para discutir os aspectos práticos da criação e produção de impressos. Conhecendo as características técnicas e produtivas dos processos de impressão, é possível escolher a gráfica mais adequada para a prestação de serviços e dialogar com os fornecedores buscando o melhor custo-benefício na elaboração dos produtos publicitários impressos.

Além da questão de custos e qualidade, tratamos também da responsabilidade da criação publicitária em termos sustentáveis. A indústria gráfica e a de papel e celulose representam um importante setor da economia, mas são responsáveis por processos e geração de resíduos que causam impacto ambiental. Assim, as escolhas feitas no momento de concepção do produto impresso podem ser otimizadas com o objetivo de reduzir esse prejuízo.

Questões para revisão

1) (Enade 2015 | Tecnologia em Design Gráfico)

   A produção gráfica, conjunto de etapas necessárias para a materialização de ideias e conceitos criados por meio de *layouts*, está presente desde a impressão de um simples cartão de visitas até a produção de catálogos elaborados.

   Para se obter o resultado pretendido, é necessário analisar, com base na estética, na resistência do material, na tiragem e em outros aspectos, qual é o processo de impressão mais adequado, além de garantir que as principais etapas de produção sejam cumpridas com eficiência.

   O processo de viabilização de um produto gráfico compreende quatro macroetapas, que são:

   I) Planejamento Gráfico;
   II) Pré-impressão;
   III) Impressão e
   IV) Pós-impressão ou Acabamento.

   Sobre esse fluxo produtivo, cite as atividades que compõem cada uma das quatro etapas.

2) Cite os principais tipos de prova utilizados ao longo do processo de impressão e aponte o que deve ser avaliado em cada uma dessas amostras.

3) (Enade 2015 | Comunicação Social – Publicidade e Propaganda)

Conforme a literatura específica da área de produção gráfica, durante o processo de produção de materiais impressos utilizados em campanhas e ações publicitárias, algumas decisões de planejamento e execução são determinantes para encarecer ou baratear um projeto. Desde o início da produção – a partir do recebimento do briefing até a impressão nas gráficas –, uma série de decisões influencia a elaboração do orçamento.

Considerando as informações acima, assinale a opção em que é apresentada a ação que representa o custo mais elevado de orçamento para a produção gráfica de impressos.

a) Definir um formato de impresso que tenha maior aproveitamento da matriz de papel de entrada em máquina e evite perdas.
b) Preferir a aplicação de capa dura, visto que o tipo de material utilizado agrega valor às publicações.
c) Escolher uma encadernação tipo canoa, também conhecida como dobra e grampo ou encadernação a cavalo, porque é mais simples e rápida.
d) Decidir pela impressão em monocromia, no caso de impressão offset, valendo-se das retículas para se obter o meio-tom.
e) Determinar uma tiragem pequena (abaixo de mil exemplares) e escolher o sistema de impressão digital, que tem custo unitário invariável.

4) (Enade 2015 | Tecnologia em Design Gráfico)

O pensamento estratégico na criação de produtos ou impressos sustentáveis deve levar em conta o ciclo de vida da peça, desde a extração da matéria-prima até os processos de fabricação, utilização e descarte. Muitas vezes, as escolhas dos materiais dos quais serão feitos os produtos podem ser otimizadas de acordo com o seu tempo de vida ou o seu tipo de uso. Em relação ao ciclo de vida dos produtos, os designers devem entender que a intenção é criar uma ideia sistêmica de produto, em que os *inputs* de materiais e energia bem como o impacto de todas as emissões e refugos sejam reduzidos ao mínimo possível, seja em termos quantitativos ou qualitativos, ponderando, assim, a nocividade de seus efeitos.

Anais do 2º Simpósio Brasileiro de Design Sustentável. São Paulo, 2009 (adaptado).

A partir do texto, é correto concluir que, ao criar um produto, deve-se

a) priorizar o emprego de recursos não renováveis para garantir que a ação projetual não seja comprometida
b) ter como base os aspectos estéticos dos materiais a serem utilizados, em detrimento de suas origens.
c) condicionar o ciclo de vida do produto à competitividade do mercado.
d) projetá-lo tendo como preocupação os impactos que esse produto possa causar.
e) agir de modo que indivíduos e comunidades ultrapassem os limites de seu ecossistema em prol da livre criação estética.

5) (FCC – Concurso Público TRE/SP 2017 | Analista Judiciário – Relações Públicas)

Em uma situação hipotética, a equipe de comunicação do TRE-SP foi requisitada para analisar o veículo corporativo que está previsto em orçamento: jornal para o público interno, semestral, 16 páginas, 4 × 4 cores, papel couchê 120 g com verniz UV em reserva nas fotos e nos títulos.

A conclusão correta desta análise será

a) utilizar papel mais simples, com 4 páginas e menos sofisticação na impressão para poder transformar a periodicidade em mensal e tornar as notícias mais atraentes.

b) direcionar este veículo para o público externo diante da sofisticação e periodicidade; com isso, a intranet será o veículo de comunicação para o público interno.

c) ampliar o verniz UV para cobrir todas as páginas. O custo não se eleva tanto e essa técnica garante a durabilidade da publicação pelo tempo de circulação de seis meses.

d) aumentar o número de páginas para 32, pois em seis meses há muitas novidades acumuladas que não poderão ser contempladas no formato proposto.

e) investir este mesmo orçamento para veículos direcionados para o público externo, que é o real alvo de uma instituição pública.

Para concluir...

Chegamos ao final deste livro reforçando a importância do conhecimento dos materiais e processos gráficos no dia a dia dos profissionais da comunicação. Na publicidade, são desenvolvidos desde os impressos mais simples, como os *flyers* de divulgação, até embalagens mais complexas, que exigem acabamentos diferenciados. Saber escolher os melhores suportes e técnicas de impressão permite à equipe criativa propor soluções encantadoras e inovadoras, mas, ao mesmo tempo, financeiramente viáveis e conscientes de seu impacto ambiental.

Aqui pudemos tratar da produção gráfica de maneira simplificada e acessível, direcionada justamente às necessidades dos profissionais criativos nas agências. Tal conhecimento ficará ainda mais claro se você tiver a oportunidade de vivenciar um processo produtivo gráfico na prática. Por isso, caso trabalhe ou venha a trabalhar na área, recomendamos que, sempre que possível, você participe dessa etapa de materialização da criação, dialogando com fornecedores, visitando as instalações das gráficas e solicitando mostruários de materiais – afinal, esse é um campo que está em constante evolução tecnológica e em que os profissionais precisam se manter atualizados.

Glossário

Acabamento: processo de finalização de um produto gráfico, que inclui corte, dobra, encadernação, aplicação de vernizes, entre outros.

Alceamento: procedimento de organização e agrupamento dos cadernos de uma publicação. Também usado como verbo: *alcear*.

Ângulo de retícula: inclinação da retícula, particular de cada cor da policromia, de modo a evitar o efeito *moiré*.

Arte-final: criação gráfica finalizada, pronta para ser impressa.

Blanqueta: material emborrachado que reveste o cilindro que faz o transporte da tinta no processo *offset*.

Bobina: rolo contínuo de papel, utilizado em impressão rotativa.

Boneco ou boneca: modelo que simula o impresso (geralmente livro ou revista) usado como referência de tamanho e para verificar a paginação.

Brochura: tipo de encadernação que agrupa os cadernos do impresso por meio de costura ou cola. Pode contar com capa mole ou dura, aplicada diretamente sobre a lombada.

Cabeceado: cordão de tecido colorido aplicado como acabamento nas bordas da lombada das brochuras costuradas.

Caderno: grupo de páginas sequenciadas de uma publicação, gerado a partir de uma folha única, impressa com diversas páginas em sua frente e seu verso, que é dobrada e refilada. A junção de diversos cadernos é o que compõe os livros, revistas e jornais completos.

Calandra: conjunto de cilindros metálicos, que podem ou não ser aquecidos, utilizados para dar maior lisura no acabamento do papel.

Calibragem: ajuste de um dispositivo – como monitor, *scanner* ou impressora – de modo a regular sua saída de cores.

Canoa: tipo de encadernação comum em revistas, que consiste no alinhamento das folhas por meio de uma dobra central, que recebe fixação por grampos. Também conhecida como *encadernação a cavalo* ou *dobra e grampo*.

Capa: parte externa de uma publicação, que reveste o miolo.

Capa dura: capa feita com material rígido, como papelão, revestido por adesivo, couro, tecido ou outro tipo de material decorativo

Capa flexível ou mole: capa feita de material mais estruturado do que o miolo da publicação, mas ainda mais fino do que uma capa dura.

Caucho: ver blanqueta.

Chapa: ver matriz.

CMYK: modelo de cor subtrativo, composto por cores-pigmento, cujas primárias são ciano (C), magenta (M), amarelo (Y) e preto (K). É o modelo utilizado para impressos.

Contracapa: parte interna da capa dos impressos.

Cor especial: cores utilizadas nos impressos que não estão inclusas na policromia, geralmente obtidas por sistemas como Pantone®.

Cor-luz: ver RGB.

Cor-pigmento: ver CMYK.

Corte especial: acabamento feito em impressos por meio de uma faca de corte e vinco em formato especial, usado em embalagens e impressos decorativos com formatos diferenciados, inclusive vazados.

CTP: *computer-to-plate*. Processo de gravação de matrizes a *laser* a partir de um arquivo digital que substitui a fotogravura e dispensa o uso de fotolitos físicos.

Digitalização: conversão de imagens físicas em imagens digitais, por meio de equipamentos como câmeras fotográficas digitais e *scanners*.

Dobra: processo de acabamento de um impresso que vinca e sobrepõe suas partes. Pode ser feito com dobras paralelas ou cruzadas.

dpi: *dots per inch* – pontos por polegada. Medida de resolução de uma imagem. Registra o número de pontos posicionados lado a lado em uma polegada (2,54cm) do impresso. O padrão para impressão é de 300 dpi.

Efeito *moiré*: padrões visuais, como linhas e ondulações, formados por pontos conflitantes na sobreposição de retículas.

Emulsão fotossensível: fluido sensível à luz aplicado sobre chapas e telas de serigrafia para prepará-las para o processo de fotogravura.

Encadernação: processo de acabamento editorial que agrupa as folhas de um impresso.

Escala Europa: sistema de cores que consiste em uma tabela-padrão que combina as cores primárias CMYK em diferentes percentuais de retícula.

Faca especial: ver corte especial.

Flexografia: processo de impressão que utiliza matriz relevográfica de borracha, semelhante a um carimbo.

Formato: dimensões de um impresso.

Fotogravura: processo de gravação de matrizes que se utiliza da emulsão fotossensível e dos fotolitos para que algumas áreas fiquem protegidas enquanto outras são submetidas a processos químicos que revelam a imagem.

Fotolito: filme impresso com a arte-final na cor preta. É a partir dele que as matrizes são gravadas.

Ganho de ponto: alteração do tamanho do ponto da retícula no impresso, ocasionada por características da matriz, da tinta ou do suporte de impressão (geralmente relacionada à absorção).

Gofragem: processo de texturização do papel por meio de pressão entre cilindros.

Gramatura: medida de peso de folhas de papel, também relacionada à sua espessura, calculada pelo peso em gramas em uma área de um metro quadrado.

Gravação: processo de transposição da imagem contida no fotolito ou no arquivo digital para a matriz de impressão. Também se refere ao setor das gráficas responsável por esse trabalho.

Guardas: folhas que unem a contracapa de um livro ao miolo.

Hidrofilia: característica dos materiais hidrófilos, que são receptivos à água.

Hot stamping: processo de acabamento que transfere uma película para o suporte por meio de um clichê aquecido.

Imposição: disposição das páginas de um impresso em uma folha de modo que, após a confecção do caderno, todas estejam na posição e no sentido corretos.

Impressão: processo de reprodução de textos e imagens sobre um suporte, realizado a partir de uma matriz física ou digital.

Impressão eletrostática: também conhecida como *impressão a laser*, que utiliza o *toner* como fonte de pigmento.

Laminação: aplicação de uma película sobre o papel para que ele adquira algum acabamento diferenciado, como fosco, brilho ou acetinado.

Lineatura: número de linhas de pontos encontrados na medida de uma polegada (2,54 cm) de uma retícula.

Lipofilia: característica dos materiais lipófilos, que são receptivos a substâncias oleosas.

Lombada: dorso da publicação, localizado entre as capas, que pode ser em formato canoa (abaulado) ou quadrado (reto)

Marcas de corte: marcações nos quatro cantos de uma página impressa que indicam o local para corte reto (refile) ou vinco.

Marca de registro: cruzetas impressas nas margens da página, utilizadas como referência para o alinhamento dos diferentes filmes utilizados para a policromia.

Matriz: superfície na qual está gravada a imagem a ser impressa. É a partir dela que ocorre a reprodução dos impressos.

Meio-tom: imagem transformada em retícula utilizando pontos pretos de diferentes tamanhos e agrupados em diferentes densidades para dar a ilusão das tonalidades intermediárias de cinza.

Miolo: conjunto de páginas internas de um impresso.

Moiré: ver efeito *moiré*.

Negativo: imagem invertida, na qual os tons claros tornam-se escuros e vice-versa.

Offset: processo de impressão indireto que utiliza matrizes planográficas. É um dos mais utilizados na indústria gráfica.

Orientação: posição do papel em relação às suas proporções – quando a largura é maior que a altura, a orientação da folha é chamada de *paisagem*; do contrário, é chamada de *retrato*.

Página: cada face da folha impressa.

Pantone®: sistema de cores utilizado na indústria gráfica para a formulação de cores especiais, que não são obtidas pela policromia tradicional.

Picote: processo de acabamento no qual são feitas pequenas perfurações alinhadas, com o objetivo de facilitar a separação daquela parte do impresso.

Policromia: composição de uma imagem pela combinação de quatro ou mais cores. Geralmente refere-se à sobreposição das quatro cores primárias no padrão CMYK, também chamada de *quadricromia*.

Pós-impressão: processos realizados após a impressão do material, configurando seu acabamento.

Pré-impressão: processos de finalização da arte e confecção de provas, realizados antes da confecção das matrizes e da impressão do material.

Prova: amostra de um trabalho gráfico para verificar suas características antes de entrar no processo de impressão definitivo.

Quadricromia: ver policromia.

Refile: processo de corte das margens do papel, deixando a folha do impresso em seu tamanho final.

Registro de cores: sobreposição precisa das cores de um impresso – quando não ocorre, o impresso é caracterizado como fora de registro.

Resma: pacote com 500 folhas de papel. É a forma de venda mais comum das folhas avulsas.

Resolução: indicativo de qualidade e definição de uma imagem, medida em dpi (pontos por polegada).

Retícula: imagem digital ou impressa em película que apresenta uma imagem em meio-tom, ou seja, formada por pontos que variam em tamanho e densidade de forma a simular variações tonais.

RGB: modelo de cor aditivo, composto por cores-luz, cujas primárias são vermelho (R), verde (G) e azul (B). É o modelo utilizado para imagens digitais.

Rotogravura: processo de impressão que utiliza matrizes encavográficas cilíndricas.

Sangra: excesso de imagem ou cor, que vai além da marca de corte, como forma de garantir que o corte não deixará filetes brancos.

Scanner: dispositivo usado para a digitalização de imagens físicas.

Separação de cores: divisão de uma imagem em seus canais de cores primárias do sistema CMYK. Processo utilizado para a confecção dos fotolitos da policromia.

Serigrafia: processo de impressão que utiliza matriz permeográfica.

Serrilha: processo de acabamento no qual são feitos pequenos cortes consecutivos, com o objetivo de facilitar o destaque daquela parte do impresso.

Suporte: material que recebe a impressão – papel, polímero, tecido etc.

Tampografia: processo de impressão indireto que utiliza matrizes encavográficas.

Tipografia: processo de impressão que usa matrizes relevográficas, geralmente de metal.

Tiragem: quantidade de unidades produzidas de um impresso.

Toner: tipo de pigmento em pó utilizado na impressão digital a *laser*.

Termotransferência: transferência de uma imagem por meio do calor.

Transfer sublimático: tipo de termotransferência que passa o pigmento do estado sólido para o gasoso, facilitando sua penetração no substrato.

Verniz: material de acabamento que dá proteção e aspectos estéticos diferenciados a uma superfície. Pode ser aplicado de maneira total ou localizada.

Vinco: marcação que visa sensibilizar o material à dobra.

Referências

ABIGRAF – Associação Brasileira da Indústria Gráfica. **Números da indústria gráfica brasileira**: São Paulo, maio 2017. Disponível em: <http://www.abigraf.org.br/documents/320>. Acesso em: 11 out. 2018.

AGENDA 21 BRASILEIRA: ações prioritárias. Comissão de Políticas de Desenvolvimento Sustentável e da Agenda 21 Nacional. Brasília: Ministério do Meio Ambiente, 2004.

AMBROSE, G.; HARRIS, P. **Impressão e acabamento**. Tradução de Edson Furmankiewicz. Porto Alegre: Bookman, 2009.

BAER, L. **Produção gráfica**. 6. ed. São Paulo: Senac, 2005.

BARBOSA, D. de O. et al. **Guia técnico ambiental da indústria gráfica**. 2. ed. São Paulo: Cetesb/Sindigraf, 2009. Disponível em: <https://cetesb.sp.gov.br/consumosustentavel/wp-content/uploads/sites/20/2013/11/guia_ambiental2.pdf>. Acesso em: 17 jan. 2019.

BONA, N. C. **Publicidade e propaganda**: da agência à campanha. Curitiba: InterSaberes, 2012.

CARRAMILLO NETO, M. **Produção gráfica II**: papel, tinta, impressão e acabamento. São Paulo: Global, 1997.

CLAIR, K.; BUSIC-SNYDER, C. **Manual de tipografia**: a história, a técnica e a arte. Tradução de Joaquim da Fonseca. Porto Alegre: Bookman, 2009.

COLLARO, A. C. **Produção gráfica**: arte e técnica na direção de arte. São Paulo: Pearson Prentice Hall, 2012.

FERNANDES, A. **Fundamentos de produção gráfica para quem não é produtor gráfico**. Rio de Janeiro: Livraria Rubio, 2003.

HAN, A.; GUBENCU, D. Analysis of the Laser Marking Technologies. **Nonconventional Technologies Review**, n. 4, p. 17-22, 2008.

HESS, J.; PASZTOREK, S. **Design gráfico para moda**. Tradução de Rogerio Bettoni. São Paulo: Edições Rosari, 2010.

HORIE, R. M.; LIBERATO, A. **Tecnologias de impressão digital**. São Paulo: Associação Brasileira de Tecnologia Gráfica (ABTG), 2012. (Coleção Digitec, v. 1).

MARTINS, N. **A imagem digital na editoração**: manipulação, conversão e fechamento de arquivos. Rio de Janeiro: Senac, 2009.

MARTINUZZO, J. A. **Os públicos justificam os meios**: mídias customizadas e comunicação organizacional na economia da atenção. São Paulo: Summus, 2014.

MUNIZ, E. **Publicidade e propaganda**: origens históricas. Canoas: Ed. da Ulbra, 2004. (Caderno Universitário, n. 148).

PANTONE®. **The PANTONE MATCHING SYSTEM® and PANTONE® FORMULA GUIDES**. Disponível em: <https://www.pantone.com/pms-spot-color-information-formula-guides>. Acesso em: 11 out. 2018.

PARRY, R. **A ascensão da mídia**: a história dos meios de comunicação de Gilgamesh ao Google. Tradução de Cristiana Serra. Rio de Janeiro: Campus, 2012.

PEZZOLO, D. B. **Tecidos**: histórias, tramas, tipos e usos. São Paulo: Senac, 2007.

REIS, M. **Química**: meio ambiente, cidadania, tecnologia. São Paulo: FTD, 2010. v. 1.

SILVEIRA, L. M. **Introdução à teoria da cor**. 2. ed. Curitiba: Ed. da UTFPR, 2015.

VILLAS-BOAS, A. **Produção gráfica para designers**. Rio de Janeiro: 2AB, 2010.

Capítulo 1

1) Os impressos são tão capazes de veicular e preservar informação quanto os meios digitais, mas ainda lhes é conferida maior credibilidade, pois sua produção exige maior investimento e passa pela revisão de diversos profissionais. Ainda há quem prefira o impresso pelo conforto de leitura, que é maior do que na tela luminosa, e pela característica material do papel e de seus acabamentos. Essas características físicas permitem que os impressos proporcionem experiências de uso diferentes das do meio digital.

2) Os setores da agência envolvidos no desenvolvimento de impressos são: criação e produção gráfica. No setor de criação, é feita a concepção do projeto, cabendo ao redator desenvolver a mensagem textual e ao diretor de arte definir a linguagem visual – esses profissionais trabalham em conjunto. Há ainda o arte-finalista, responsável pela execução do que foi concebido na redação e na arte. No setor de produção gráfica, os arquivos desenvolvidos na criação são revisados e finalizados para serem enviados para a gráfica. Os profissionais desse setor são também responsáveis pelo contato com fornecedores e pelo acompanhamento da produção.

3) a

A I é falsa porque os anuários não são descartáveis, pelo contrário, costumam ser projetos gráficos complexos, com acabamentos diferenciados e, consequentemente, custo mais elevado.

A II é verdadeira porque os cartazes, enquanto material de divulgação, têm uma temporalidade definida, mas, ao serem preservados por motivos estéticos ou simbólicos, passam a ser considerados pôsteres.

A III é verdadeira, pois uma das formas de impresso publicitário é a inserção de anúncios em revistas ou jornais desenvolvidos por outras empresas, que já têm características técnicas (como dimensão e número de cores) definidas.

A IV é falsa porque as embalagens são consideradas um impresso publicitário. Ainda que não configurem um material de distribuição, contribuem para a identificação e a divulgação do produto e a geração de desejo no consumidor.

4) c

O primeiro passo é o desenvolvimento da arte do impresso. Somente quando ela é finalizada pode ser transformada em fotolito, um filme que permite a gravação das matrizes. Com as matrizes prontas, inicia-se o processo de impressão. Só então vem a etapa de acabamento.

5) e

Os brindes devem ser pensados como objetos funcionais, que de fato acompanharão o cliente em sua rotina, ampliando a visibilidade da marca e a relação com ela.
A alternativa **a** está incorreta porque os brindes podem ser

impressos tanto em processos digitais quanto em convencionais. A **b** está incorreta porque tanto os impressos em papel quanto os brindes podem ser feitos em diferentes escalas – entretanto, em ambos os casos, quanto maior a tiragem, menor o custo individual. A **c** está incorreta porque os brindes geralmente apresentam custo mais elevado que os impressos tradicionais, pois contam com matéria-prima mais cara que o papel e processos de confecção mais complexos. A **d** está incorreta porque os brindes não devem ser objetos descartáveis, mas produtos cuidadosamente pensados para ter um ciclo de vida longo, acompanhando o cliente, visto que seu custo de desenvolvimento é alto.

Capítulo 2

1) A retícula é um conjunto de pequenos pontos que podem variar em tamanho e densidade em diferentes regiões da imagem de modo a simular tonalidades intermediárias. Assim, uma imagem reticulada vista de longe parece uma imagem em tom contínuo de cinza, embora seja composta apenas pela cor preta, por exemplo. Isso é especialmente importante na finalização de imagens para processos de impressão convencionais, porque neles só é possível imprimir uma cor de cada vez, e as imagens reticuladas permitem não apenas a simulação de gradações tonais, mas também a sobreposição de imagens reticuladas de outras cores, formando a imagem completa por meio da policromia.

2)
    1) A chapa virgem recebe uma camada de emulsão fotossensível.

2) O fotolito, impresso em preto no filme transparente, é colocado sobre a chapa.
3) As áreas cobertas pela impressão em preto são protegidas da luz, enquanto as áreas que estão sobre as porções transparentes do filme ficam expostas a ela.
4) A emulsão reage em presença da luz e solidifica-se nas áreas expostas. Nas áreas protegidas, ela permanece viscosa e pode ser removida
5) As áreas da chapa que têm a emulsão solidificada são as áreas vazias da imagem e estão protegidas. As áreas sem emulsão estão no formato da imagem e passarão por algum processo que finaliza a gravação.

3) b

A afirmativa II está correta porque o arquivo fechado é uma forma de garantir que não haverá alterações na transferência do arquivo digital. A III está correta pois a sangra de 3 mm é uma medida de segurança para o corte.

A I está incorreta porque o padrão de cores a ser utilizado é o CMYK. A IV está incorreta porque a resolução de imagem recomendada para impressão é de 300 dpi.

4) b

O modo de cor utilizado para imagens impressas é o CMYK e, embora seja recomendado enviar o arquivo fechado (que impossibilita a edição), o envio dos arquivos de fonte é uma medida de segurança para evitar incompatibilidades. As alternativas **a** e **e** estão incorretas porque a resolução de imagem indicada é de 300 dpi. A **c** está incorreta porque a gramatura do papel não interfere no arquivo para impressão. A **d** está incorreta porque o modo de cores utilizado para impressão é o CMYK.

5) b

A sangria, ou *sangra*, é o aumento da imagem ou da cor chapada passando do limite da margem da página, para evitar problemas de precisão no refile. As alternativas **a** e **c** estão incorretas pois não existem margens para picote ou dobra. A **d** está incorreta pois o termo *margem de sobra* não existe no meio gráfico. A **e** está incorreta porque existem **marcas** de registro para alinhar as cores, e não **margens** de registro.

Capítulo 3

1) Matrizes relevográficas: apresentam a imagem em alto-relevo em relação ao espaço negativo.

   Matrizes planográficas: imagem e espaço negativo estão no mesmo nível, diferenciando-se pela receptividade de cada área à tinta ou à água.

   Matrizes encavográficas: apresentam a imagem em baixo-relevo em relação ao espaço negativo.

   Matrizes permeográficas: imagem e espaço negativo estão no mesmo nível, mas a tinta só passa pela área da imagem, uma vez que o espaço negativo está impermeabilizado.

2) Jato de tinta: a impressora lê o arquivo digital e seu cabeçote, alimentado por tintas das cores primárias CMYK, pulveriza pequenos jatos que, combinados, formam a imagem como se fosse uma policromia.

   Eletrostática (*laser*): a impressora lê o arquivo digital e emite um feixe de *laser* que carrega o cilindro com uma carga eletrostática no formato da imagem. O pigmento do *toner*, com carga oposta, adere ao cilindro no formato da imagem. O papel recebe carga igual à do cilindro e atrai as partículas do *toner*, sendo posteriormente aquecido para fixação do pigmento.

Termotransferência sublimática: a impressora lê o arquivo digital e imprime a imagem com tinta e papel sublimáticos. O papel é prensado a quente sobre o suporte, e a transferência da imagem ocorre por meio da evaporação do pigmento.

Gravação a *laser*: a máquina lê o arquivo digital e emite feixes de *laser* em diferentes intensidades conforme o material e a profundidade da gravação ou do corte. O *laser* queima o suporte, gerando a imagem.

3) e

A impressão de baixo custo em suportes flexíveis é a principal característica da flexografia. A rotogravura tem custo mais elevado e não é indicada para suportes irregulares, assim como a serigrafia. A linografia é um processo de gravura artesanal realizado sobre tecido. A planografia é um processo de impressão com matrizes planográficas, como o *offset*, que também não são indicadas para suportes irregulares.

4) c

O processo *computer-to-plate* (CTP) consiste na gravação a *laser* das chapas a partir de um arquivo digital. O processo *computer-to-press* diz respeito ao envio do arquivo diretamente à impressão, sem passar pela matriz intermediária; já o *computer-to-film* é a impressão de um arquivo digital diretamente em um filme, como o fotolito. O processo de gravação não utiliza radiação ultravioleta; e o termo *wipe-on* descreve uma forma automatizada de aplicação de etiquetas.

5) e
A matriz planográfica utilizada na impressão *offset* recebe um tratamento eletroquímico que torna a área da imagem receptiva à tinta oleosa e repelente à água, enquanto as áreas negativas são receptivas à água e repelem a tinta.
A alternativa **a** está incorreta porque a impressão digital é feita diretamente no suporte, sem chapa. A **b** está incorreta porque a litogravura, embora seja baseada na mesma lógica, é um processo artesanal de impressão em pedra.
A **c** está incorreta porque a rotogravura é feita com matriz encavográfica, que acumula tinta em suas cavidades.
A **d** está incorreta porque a tipografia utiliza matriz relevográfica que captura a tinta por contato, não por afinidade química.

Capítulo 4

1) - Gramatura: peso do papel, interfere diretamente em sua espessura e flexibilidade.
   - Opacidade: transparência do papel, relacionada à espessura, interfere na passagem da imagem impressa para o verso da folha.
   - Alvura: grau de branqueamento do papel.
   - Sentido da fibra: interfere na resistência mecânica do papel, facilita as dobras.
   - Grau de colagem: diz respeito ao processo de resinagem, interfere na absorção de água e expansão da tinta.
   - Brilho: acabamento superficial que proporciona maior ou menor reflexão de luz.
   - Lisura: regularidade da superfície do papel.
   - pH: grau de acidez ou alcalinidade, interfere na secagem da tinta e na preservação dos pigmentos.

2) Primeiramente, é preciso entender que, embora o tamanho final do impresso seja de 15 × 22 cm, ele tem uma dobra – por isso, cada unidade deve ser impressa com as páginas lado a lado, no tamanho total de 30 × 22 cm. Levando em consideração essa informação, é possível calcular quantas páginas cabem na folha formato BB (área útil de 63 × 94 cm).

Encaixando o impresso com sua maior dimensão na maior dimensão do papel, o aproveitamento é o seguinte:
FIGURA
94/30 = 3,13
63/22 = 2,86

Tentando o encaixe no sentido inverso, o aproveitamento é o seguinte:

FIGURA
94/22 = 4,27
63/30 = 2,1

A segunda opção de encaixe, portanto, é mais vantajosa, pois permite a impressão de 8 unidades por folha, enquanto a primeira opção de encaixe permite apenas 6 e gera maior perda.

Para produzir a tiragem de 3.500 unidades, é preciso dividir esse número por 8, que é o rendimento por folha. O valor será igual a 450. Entretanto, é preciso calcular também a quebra, aquela margem de segurança de 10% para ajuste de máquina e possíveis falhas de impressão. 10% de 450 é igual a 45. Somando essas quantidades, o resultado é 495 folhas.

Assim, uma resma é suficiente para a impressão desse projeto. Trata-se de um projeto gráfico bastante viável, pois há pouca perda de papel no refile e não é necessária a compra de uma resma adicional para arredondar a quantidade de folhas.

3) d
A primeira asserção é falsa, pois mesmo que um projeto demande materiais de boa qualidade, é necessário sempre levar em consideração seus custos adicionais – em geral bastante altos, conforme explicitado no texto de referência. A segunda asserção é correta, pois os aspectos estéticos do papel influenciam na percepção do impresso, agregando valor simbólico a ele.

4) b
O papel cuchê é o único da lista que apresenta boa opacidade, brilho e alvura. O papel *offset* não apresenta brilho, assim como o *bufon*, que é mais áspero. O papel linha-d'água é utilizado apenas para impressos de segurança, e o apergaminhado, além de não apresentar brilho, é mais indicado para a escrita do que para impressão de imagens.

5) e
Os papéis de baixa gramatura são mais finos e há risco de as imagens impressas vazarem para o verso da folha. A alternativa **a** está incorreta justamente porque os papéis de baixa gramatura são mais finos e leves.
A **b** está incorreta porque a gramatura não influencia na dimensão da página, que seria o fator determinante para a necessidade de um maior número de folhas. A **c** está incorreta porque a definição da imagem tem mais a ver com o acabamento superficial do papel e sua capacidade

de absorção do que com sua gramatura em si. A **d** está incorreta porque papéis de baixa gramatura, por serem mais finos, também são mais flexíveis e fáceis de dobrar.

Capítulo 5

1) O relevo seco é feito em papéis de alta gramatura, utilizando um par de clichês metálicos para prensá-lo. Isso gera uma impressão tridimensional, como uma marca-d'água, de alto ou baixo-relevo (sendo o inverso no verso da folha).

   O relevo americano, por sua vez, é obtido por meio da aplicação localizada de um pó que, exposto ao calor da estufa, polimeriza e forma um alto-relevo de aspecto rugoso. Geralmente apresenta acabamento metalizado e não deixa marcas no verso da folha.

   Finalmente, o *hot stamping* também utiliza um clichê metálico para prensar a quente películas metalizadas, que se fixam ao suporte. Resulta num baixo-relevo suave.

2)
   - Autoencadernado: processo de dobras paralelas ou sanfonadas em uma folha única. Exemplo: fôlderes informativos.
   - Canoa: folhas com dobra central e aplicação de grampos no dorso. Exemplo: revista.
   - Brochura costurada: cadernos dobrados e costurados pela lombada. Exemplo: livros.
   - Brochura colada: cadernos dobrados ou folhas soltas unidos no dorso por cola quente. Exemplo: blocos.
   - Espiral comum: espiral contínua de plástico ou metal aplicada ao longo da lateral perfurada. Exemplo: cadernos escolares.

- Espiral wire-o: arco duplo de metal aplicado em perfurações contínuas ou localizadas. Exemplo: calendários.

3) b

Papéis revestidos como o cuchê passam pela calandra, que os compacta, diminuindo sua espessura em relação a papéis não calandrados, como o *offset*. A alternativa **a** está incorreta porque, se o cálculo for feito com base na quantidade de folhas e em sua gramatura, o resultado será sempre igual para os dois impressos. A **c** está incorreta porque o peso dos papéis é o mesmo. A **d** está incorreta porque a umidade não interfere na espessura da fibra.

4) a

O corte é um dos acabamentos básicos dos impressos, e as definições desses termos específicos podem ser encontradas ao longo do Capítulo 5. O refile é o corte básico das margens, retirando a sangra e as margens de impressão. O corte tri-lateral é um tipo de acabamento editorial, usado em livros e revistas após a dobra das páginas para soltar as folhas. O corte duplo é usado para separar as páginas que não serão dobradas e encadernadas juntas. O corte intermediário é um processo variável, utilizado para preparar as folhas para os acabamentos seguintes. O corte inicial foi mencionado no Capítulo 4, quando tratamos dos formatos padrão de papel, indicando que algumas impressoras menores trabalham com meia folha.

5) c

O termo *autoencadernado* é utilizado para impressos de folha inteira, mas que são lidos em partes, parecendo encadernados com diversas páginas, só que utilizando dobras. A alternativa **a** está incorreta porque a encadernação sem costura pode se referir a diversos outros tipos de encadernação, como colada ou grampeada. A **b** está incorreta porque as dobras do autoencadernado não são necessariamente sanfonadas, podendo ser paralelas ou cruzadas. A **d** está incorreta porque *encadernação interativa* não é um termo utilizado na produção gráfica.

Capítulo 6

1) Devem ser mencionadas as seguintes atividades em cada uma das etapas:
    i) Planejamento gráfico
        - Adequação da arte-final ao processo de impressão especificado.
        - Finalização de arquivo digital em conformidade com o processo de pré-impressão definido.
    ii) Pré-impressão
        - Preparação do original para a impressão de prova e para a impressão propriamente dita.
        - Aprovação da(s) prova(s).
        - Confecção de matriz(es) de impressão.
    iii) Impressão
        - Ajustes de impressão.
        - Impressão do material.
        - Acompanhamento da produção visando o controle de qualidade dos impressos ao longo da tiragem.
    iv) Pós-impressão ou acabamento
        - Refile, corte e/ou montagem.
        - Acabamentos especiais.
2) Prova de *layout*: impressões simples utilizadas para verificar ortografia, dimensão e distribuição dos elementos em um *layout*.

    Prova de fotolito: geralmente realizada no sistema Cromalin, transfere as imagens individuais do fotolito para um papel-base visando avaliar a definição e o encaixe. Utilizada apenas em processos de impressão convencionais.

Prova digital (*soft proof*): impressão da arte-final para verificação de definição e cores antes do envio para produção em impressão digital ou para gravação de matrizes pelo processo CTP.

Prova heliográfica: amostra feita diretamente sobre a matriz de impressão, para verificar a definição da imagem revelada, o encaixe das cores e a imposição das páginas. Utilizada apenas em processos de impressão convencionais.

Prova de impressão (prova de contrato): amostra completa feita após o ajuste de máquina que servirá como referência para a tiragem completa. Deve ser aprovada pelo produtor gráfico e pelo contratante.

Prova de acabamento: protótipos realizados quando há acabamentos especiais. Assim como a prova de impressão, deve ser aprovada e utilizada como referência para a tiragem completa.

3) b

A capa dura é um material que agrega valor percebido ao impresso, mas também representa um custo mais alto por contar com maior quantidade de material (papelão, revestimento, folhas de guarda) e um processo adicional (confecção das brochuras e encadernação).

Todas as outras alternativas descrevem medidas que diminuem o custo de produção por reduzir o consumo de materiais ou utilizar processos de menor custo.

4) d
As escolhas de materiais e processos voltadas à sustentabilidade devem considerar todas as formas de impacto do produto impresso – desde sua fabricação até o uso e descarte. Todas as outras alternativas sugerem que se priorize aspectos estéticos ou mercadológicos em detrimento dos fatores sustentáveis.

5) a
Por se tratar de um impresso informativo, sua publicação deve ser mais frequente – uma notícia de seis meses atrás não é mais atraente para os leitores. Entretanto, para viabilizar essa frequência de publicação, é preciso reduzir custos de produção, o que é sugerido por meio da redução do número de página, da gramatura do papel e de acabamentos especiais como o verniz.

A alternativa **b** está incorreta porque o conteúdo da publicação interessa apenas ao público interno. A **c** está incorreta porque o custo do verniz UV para todas as páginas é significativamente elevado, e o fato de a periodicidade de lançamento ser semestral não significa que a publicação circulará por todo o período de 6 meses. A **d** está incorreta porque as notícias antigas não serão mais relevantes, e o aumento de páginas sem redução de sofisticação do impresso somente aumenta o custo de produção. Finalmente, a **e** está incorreta porque a comunicação interna é tão importante quanto a externa.

Sobre a autora

Daniele Moraes Lugli é bacharel em *Design* de Produto pela Universidade Federal do Paraná (UFPR), especialista em Artes Visuais – Cultura e Criação pelo Serviço Nacional de Aprendizagem comercial do Paraná (Senac-PR) e mestra em *Design* também pela UFPR.

Ainda cursando a faculdade, estagiou em uma agência de *design* na qual atuava principalmente no segmento de embalagens. Também trabalhou como *designer* em empresas de vestuário, desenvolvendo uniformes, coleções de moda e estampas para os segmentos masculino e feminino. Atualmente, atua como ilustradora e *designer freelancer* no desenvolvimento de material gráfico e estamparia.

É professora do curso de Publicidade e Propaganda do Centro Universitário Internacional Uninter nas disciplinas de Estética e *Design* Aplicado à Publicidade e Processos Criativos; leciona no curso de *Design* de Moda da Faculdade de Tecnologia do Serviço Nacional de Aprendizagem Industrial (Senai) de Curitiba nas disciplinas de Desenho de Moda, Representação Gráfica Digital e Projeto; e ministra o curso livre de *Design* de Superfície e Estamparia Digital no Solar do Rosário, também em Curitiba.

Os papéis utilizados neste livro, certificados por instituições ambientais competentes, são recicláveis, provenientes de fontes renováveis e, portanto, um meio responsável e natural de informação e conhecimento.

FSC
www.fsc.org
MISTO
Papel produzido
a partir de
fontes responsáveis
FSC® C103535

Impressão: Reproset
Abril/2019